끝까지 미루기

꿈과 기억 사이 흐릿한 끄적임
그 끝에 마주한 나

끝까지 미루기

모 경 수

드로북스

프롤로그

끝까지 미루기

모든 이야기는 결국 하나의 질문으로 수렴한다.
나는 누구인가.
이 책은 그 질문을 끝까지 미뤄오다,
마침내 마주한 어느 상담자의 기록이다.

i.

나는 누구인가.
이 질문은 사춘기 시절부터 줄곧 따라 온 질문이다.
그러나 본격적으로 대답을 시도해 본 적이 언제였던가.
감정센터[1]가 가장 활성화되는 시절인 3월, 난 며칠 간의
고뇌, 그렇다. 말 그대로 고뇌를 겪다가, 오늘 아침 드디어

---

[1] 휴먼디자인에서 말하는 감정센터(Emotional Solar Plexus)는 감정의 파동을 만들어내고 경험하게 하는 에너지 중심이다. 매년 3월 전후로 태양이 이 센터와 연결된 게이트를 지나면서, 집단적으로 감정 기복과 공감의 강도가 커지고 예술적 감수성도 활발해진다.

터진다. 맑고 고요한 싱잉볼 주파수에 맞춰 고질적 질문을 던진다.

나는 누구인가.

첫째로 오는 나의 내면의 음성, 나는 곧 흙과 물, 불, 바람의 요소로 흩어질 것이다. 창문 밖으로 몽글거리는 하얀 구름이 계속 커지고 확대되더니 결국 옅게 흩어진다. 나도 저렇게 흩어져 날아갈 것이라는 암시를 받는다.

그럼 지금은?
물질로 된 육신 속에서 떨고 있다. 초등학교, 중학교, 고등학교를 거쳐, 청년기와 장년기 때의 떨던 '나'들, 낮은 주파수에서 흔들리는 나의 형상들, 이들은 모두 '나'이다. 이런 '나'들을 하나씩 다 떠올리고 '나'라고 받아들인다. 10년 전, 서귀포 물속에서 스쿠버다이빙 할 때의 '나'가 떠오른다. 그때가 가장 편안하고 안정감이 있었는데, 아마 나의 낮은 주파수를 물의 압력이 눌러서 그랬던 게 아닐까. 다시 물 속으로 들어가고 싶다.

그리고 한 템포 후, 다시 정갈하게, 나의 책상 의자에 앉아 눈을 감는다. 사수자리인 내 안의 켄타우로스 케이론을 떠올린다. 그는 비통함과 절망, 고통을 안고 있다. 태곳적부터 품어온 그 고통이 이번 삶에서야 수면 위로 떠오르는가. 그러나 그는 거기 머물지 않고 하늘을 꿈꾸고 비상하고 싶어한다. 이상과 성스러움, 애초에 그 속에서 나왔던 근원, 그것을 그리워한다.

그런 이중성이 나이다. 이 극에서 저 극으로 찰나적으로
또는 느리게 움직이고 있다. 그 고통으로부터 얻은 지식과
경험을 나는 기록하고, 또 남들과 나눈다.
이제 난 켄타우로스 케이론의 화살을 내 서드아이에 받는다.
그 화살은 뇌의 송과체를 뚫고 내 몸 척추를 지나 내
뱃속에서 빛으로 폭발한다.
간간히 흐느끼던 울음이 터져 나온다.

나는 누구인가.

끝까지 미루던 질문에 대한, 2024년 3월. 현 시점에서, 중간
점검이다.
나는 울고 있다.

ii.

어느 날, 조용한 틈 사이로 문득 감지된다.
내장과 내장 사이, 말로 설명하기 어려운 그 어딘가에서
무언가가 살며시 꿈틀거린다. 부드럽고 조용하게, 곧
떠오르려는 기척이다.
세 개의 나선이 내 주위를 천천히 돌며, 내 에너지 몸들을
관통해 들어온다. 원인체에서 정신체, 감정체, 에테르체까지
– 그 부드러운 흔들림이 내 안을 지나간다.
그 기억은 아주 먼 옛날부터 시작되었을지도 모른다. 나는
바위였고, 나무였으며, 꽃이었고, 물 속의 식물이었다.
물고기였고, 때로는 고래였다.

나는 인간이기도 했다. 습격 속에서 아기를 등에 업고
죽어가던 여인이었고, 모두가 쓰러진 전장에서 홀로
살아남은 장수였다. 불교의 수행승, 가톨릭의 수녀, 침묵
속에서 속죄를 짊어진 이. 예수처럼 고통을 살아내되,
하늘처럼 넓은 연민을 지닌 존재였다.
또 다른 행성의 달빛 아래, 치유의 방에서 손을 내밀던
이였고, 어쩌면 아주 처음부터 – 유란시아[2] 기원선에 올라,
아담과 이브가 고향을 떠나는 그날을 지켜보던
동행자였는지도 모른다.

그리고 지금, 나는 여기에 있다.
모든 창조와 기억과 차원을 지나, 이 세계의 한복판에 서
있다.
나는 지금 이대로의 나.
이 모든 삶, 사랑, 고통, 그리고 설렘으로 이루어진 존재이다.
탄생 직전, 심연에서 피어오르는 떨림 같은 경이 –
그것이 나다.
아직은 온전히 다 도달하지 못한 기억들.
그러나
언젠가 그것들이 모두 나에게 다다를 것이다.
그러니 괜찮다.
지금은,
그 기억과 깨달음이 완전히 내 것이 되기까지 조금 더
기다려도 좋다.

---

[2] 유란시아(Urantia): 우주에서 부르는 지구의 이름이다. 동명의 서적
『유란시아서』에서는 하느님과 우주, 과학과 철학, 인류역사와 인간의
운명에 대해 다루고 있다. 1924-1955년 미국에서 출현했다고 알려져
있다.

조금 더 걸려도 괜찮다.
나는 그것마저도 끝까지 미루기로 한다.

그 미루는 동안,
나는 천천히 내게로 돌아간다.

2025년 여름, 이삿짐 사이에서, 중간 재점검이다.

- 모 경 수

차례

프롤로그 끝까지 미루기 5

1부 내면을 바라보다 13
나의 글쓰기 멘토_자화상_사이_나를 칭찬해_회복은 몸에서 시작된다
_폭풍속의 소년_우주 아이_목이 막히다_그녀의 고통과 나의 자리
_마음챙김과 몸챙김_함께 머문 공명_함께하는 글쓰기_호흡명상

2부 시간의 재구성 53
• **기억의 재방문** 55 회귀_공간과 기억_추억과의 작별 여행_젊은 엄마 시절_말과 풍경_나는 내가 사는 세상을 사랑하였다_번개_나의 절을 받으소서 I
• **현재를 살아내기** 77 시간의 조각들_한계에 도전하기_7 대 3 의 희망_빛과 실_내가 믿는 만큼
• **죽음을 마주하며** 95 죽음에 대한 꿈_나의 절을 받으소서 II _딱 한 사람_줄서기_들려 올려질 너에게

3부 꿈과 환상 111
- **내가 꾼 꿈** 113 거미_호랑이 두 마리_펭귄_검은 물소_우리의 꿈
- **무의식의 언어** 129 차원의 틈새_상자 속에 무엇이 들었나_마녀에게_그물망 문양_기도시 연작_약천사_아테네

4부 몸으로 겪는 세상 163
- **몸의 감각** 165 흐릿한 하루_그날의 카르마는 그날에 푼다_사계 해변_줄탁동시_소리_아름다움_고통미
- **자연 속으로** 187 대화_곶자왈의 플러팅_돌_주말의 색깔_사랑의 순간 짝짓기
- **사람들 사이에** 203 싯다르타의 먼산_리추얼_탐문_노리매 공원
- **또다른 도시** 218 파리_코펜하겐

에필로그 추락한 우주선 232

1부 내면을 바라보다

나의 글쓰기 멘토

나 자신을 알아가고 바라보는 길에는 늘 멘토들이 함께한다. 글쓰기를 통해 내면을 들여다보는 일에도 여러 멘토들이 나를 안내했다. 오디세우스의 친구 멘토르가 오디세우스의 아들 텔레마코스를 멘토링 한 것은 거의 청년이 다 될 때까지였다. 그렇게 긴 기간 동안 꾸준히 나의 삶을 가이드 해 줄 사람이 있다는 것은 꽤 드문 행운일 것이다. 나에게 그런 오랫동안의 가이드를 갖는 행운은? 글쎄다. 그 대신 역사와 문학사에 기라성 같은 분들이 나를 스쳐 지나가거나 한동안 머문 그런 운은 있었다고 할 수 있다. 나의 글쓰기 멘토도 마찬가지이다.

첫째로 떠오르는 인물은 치유하는 글쓰기의 박미라님이다. 10년 전 그분(책)과의 만남은 나의 그림자 작업에 박차를 더했고, 나의 내면작업의 길잡이로서 글쓰기를 훈련하는 계기가 되었다. 셀프 힐링인 셈이다. 5년 전 가졌던 온라인 그룹세션을 통해서는, 나는 지금 잘하고 있다는 격려에 안심했었다[3].

---

[3] 2020년 코로나 19 팬데믹 시기, 박미라님이 주도한 『올 어바웃 해피니스』 공동 읽기 프로젝트가 시작되었다. 참여자들은 매일 책의 각 장을 읽고 자신의 삶과 연결지어 짧은 에세이를 나누는 온라인 실험이었다.

나와는 연배가 비슷해 경험하고 고민했던 사안들이 공감되었고, 특히 한국 사회 베이비부머 세대의 여성으로서 연대감을 갖게 해주었다.

다음으로 한강, 그이는 나의 문학적 감수성을 건드리고 다시 문학으로 돌아오게 한 마법 같은 존재이다.
『희랍어 수업』은 나의 내면의 그림자를 수면에 떠올리게 했고, 깊은 공감과 아름다운 문장으로 나를 치유하였다.
지금도 가슴께가 저리면서도 따뜻해진다.
『작별하지 않는다』는 한 편의 영상미 가득한 영화를 보는 듯했다. 인간의 고통을 자연의 아름다움으로 감싸, 지금 살고 있는 제주를 더욱 신비롭고 친밀하게 했다.
『흰』은 나의 젊은 엄마 시절, 나아가 나의 엄마의 젊은 엄마 시절을 더듬어 보듬게 했다.
가슴 가득 잔잔한 슬픔은 더 이상 고통이 아니다. 아스라한 그리움의 고향, 거기서 은은히 뿜어 나오는 추억으로 하루를 살 수 있게 하는 어떤 마술 항아리 같은 그런 것이다.
난 그이의 글 스타일을 사랑하지만, 그이가 글 쓰는 동안에 느꼈을 고독과 절박함, 고통이 상상되기에, 그냥 그이를 사랑하기로만 한다.

최근에 만난 조안나, 그녀는 출판사 페르아미카의

불확실하고 두려운 시기였지만, 사람들은 매일 '행복'에 대해 질문하며 고통 속에서 위로를 찾고, 과거의 상처를 마주하고, 현재의 삶을 돌아보는 시간을 가졌다.
2주간의 매일 글쓰기를 통해 나는 '글쓰기 근육'이 생겼다. 상담 현장에서 아이들에게 글쓰기를 셀프케어의 도구로 활용해왔던 나는, 이 프로젝트를 통해 글쓰기의 힘을 더욱 확신하게 되었다.

편집장이다. 그녀의 SNS는 '타로, 신화, 샤머니즘, 마법, 영문의 탐미'라고 그녀의 주 영역을 소개한다. 이것은 나의 관심을 끌기에 충분했고, 맛만 보던 분야인 타로, 신화, 샤머니즘, 마법에 다시 빠져들게 했다.
나는 요즈음 그녀가 이끄는 젊은 여성 그룹과 일주일에 한 번씩 만나고 있다, 온라인 상에서. 젊은 여성들의 기운만으로도 난 새롭게 충전된다. 그들을 통해서 이런저런 자료와 책들을 소개받고 더 넓은 세계로의 탐색을 준비한다. 특히 그녀가 시도하는 사이키델릭 글쓰기가 흥미롭다. 의식의 경계를 넘나들며 선형적 사고를 벗어난 자유롭고 환상적인 글쓰기라니, 매혹적이다.

이렇게 나의 글쓰기 멘토들은 나에게 영감을 주고 길을 안내한다. 그리고 곧 떠나거나 한동안 머문다.
24년 봄 현재, 글쓰기 멘토 리스트는 당분간 계속되겠다.

나는 그들에게 새삼 감사하다.

자화상

거울 속의 이미지를 따라 그린 자화상은 낯설다.
선명하지 않고, 모호하다.
나를 응시하고 있는가, 아니면 나를 넘어선 무엇인가를 응시하고 있는가.
자꾸 들여다본다.
우리는 눈을 맞출 수 있을까.
뭔가 말하려고 하는 걸까, 아니면 듣고자 하는 걸까.
하지만 이 이미지의 귀는 뭉개져 있다.
귀가 있어도 듣지 못한다.
입 또한 다물고 있어 말할 수 없다.
들여다보는 시간이 길어질수록, 이 흐릿한 이미지는 점점 정겹다.
못생긴 것은 아니다. 말할 수 없는 매력, 끌어당김이 있다.
이 흐릿하고 뭉개진 이미지에 점점 **빠져든다**.
나르시시즘이란 이런 것인가.

거울 속의 이미지는 내가 아니다.
그저 빛의 투사이며, 환영일 뿐이다.

더구나,
그것을 다시 한 번 옮겨 그린 자화상은
그야말로 이중 환영일 뿐인 것이다.

이 흐릿한 이미지가 종내에는 나임을 받아들일 수 있을까,
그 너머의 또 다른 나를 찾는 것을 멈출 수 있을까.
이 의심조차 나는 흘려 보낸다.

사이

이 글은 '나'라는 존재의 이미지가 맺히고 풀리는 틈새에서,
경계에 선 내가 경험한 존재의 떨림을 기록한 것이다.
기억과 환상, 상징이 교차하는 그 지점,
나는 누구인가를 묻는 그 오랜 질문으로, 미세하고 깊은
결을 따라 자신을 바라본다.
자기라는 이미지의 분열과 조우,
그 어디쯤, 나는 있다.

i.

시간 사이에, 공간 사이에
나는 있다.

태양과 지구의 티끌 사이,
한라산과 모슬포 바다 사이,
나무와 바람 사이,
돌과 이끼 사이,
새소리와 노루의 검은 눈망울 사이에
나는 있다.

의식과 무의식 사이,
절망과 희망 사이,
상실과 욕망 사이, 슬픔과 분노 사이,
그 넓은 스펙트럼을 기어가며
나는 있다.

태어남과 죽음 사이,
상상과 상징 사이,
꿈과 불안 사이에서
나는 흔들리며, 있다.

그대와 나 사이,
낯설고 이질적인 느낌. 그러나 태고적부터 함께 쫒고 쫒기던
술래잡기 놀이 속에 있는, 잡을 듯 닿을 듯 미끄러지는
그 오래 묵은 사랑 사이.

풋풋한 첫사랑의 설렘은
무너지는 가슴과 저린 손발 끝 사이에 은밀히 각인되어
나의 '있음'을 감내한다.

삶의 경계를 넘는 마지막 그 순간,
어떤 사랑이 나를 지킬까,
어떤 사랑이 나를 밀어낼까,
죽음 너머로 이끌까.

ii.

기억과 환상 사이,
비선형적 시간 사이,

고향별과 이 땅 사이,
홀로그램 속 프랙탈[4], 그 이미지와 물질 사이에
나는 떨며,
진동하며, 있다.

그러나
사랑은 지금 여기,
세포와 세포 사이, 간질액 안에
나는 빛으로, 있다.

---

[4]프랙탈 fractal : 부분과 전체가 유사한 특징을 가지는 기하학적 구조를 의미한다. 즉, 작은 부분이 전체 구조와 비슷한 형태를 반복적으로 띄는 것을 말한다. 이러한 자기 유사성 때문에 확대해도 같은 형태가 계속 나타나는 특징을 가진다.

나를 칭찬해

경계와 떨림의 자리에서 한동안 흔들린 끝에, 나는 문득 나 자신을 다정히 바라보기로 했다.
모든 것을 해석하려 애쓰던 오래된 습관을 잠시 내려놓고, 그저 '우연히 여기에 있는 나'를 칭찬해보기로 한 것이다.
- 2023 년 12 월.

나의 태어남을, 그 가족에 그 지역에 그 시대에 태어남을, 우연이라고 생각하는 것은 잘하는 거 같아.
그동안 이것저것으로 너를 해석하려고 해봤잖아.
전생까지 들이밀며 이 땅에 온 의미와 목적을 찾고, 그러다 지쳐서 바닥까지 내려가보려고도 했잖아.
아니 실제로 바닥까지 간 적이 있기도 해.
그 바닥에서도 가느다란 빛줄기를 잡아, 실낱같은 희망을 품고 다시 수면 위로 떠오르곤 했어.
난 네가 그런 걸 거의 모두 기억하고 있다는 걸 알아. 아니, 기억해 낼 수 있어.
너의 상상과 환상과 기억의 장면은 늘 교차되고 이리저리 흩날리지만, 현실에 박힌 장면은 따로 코드를 매겨 두니 금새 알아볼 수 있어.

영혼을 굳게 믿고, 그것을 찾아 이리저리 헤매던 시절도 떠오른다. 아니, 어쩌면 그때는 영혼 자체가 이리저리 흔들리고 있었던 걸지도.
그 시간들 속에서, 넌 괴로웠겠지만.
아니, 어쩌면 그 안에 즐거움도 있었지. 의미와 목적을 찾을 수 있을 거라는 희망, 그것이 너를 움직이게 했으니까.

그런데 지금에야 알겠어. 의미와 목적은 나란히 같이 다니고 있었다는 걸.
너의 어깨에 매달려 너의 발목을 붙들고 너를 무겁게 하고 지치게 하면서.
그러면서도 너는 흔들리면서 계속 나아 갔고, 끝내지 않고 탐색했지.
그 자체가 네게는 즐거움이었을 거야.
언젠가 세상의 이치를 알게 될 날이 올테고, 그러면 너 자신이 너의 구원이 될테고 그러면 이 모든 게 보상이 될 거라 믿었으니까.

그러니까,
이 모든 걸 우연이라고 당분간 그렇게 여기기로 한 건 정말 잘한 일이야.
그러면 더 많은 앎을 향하여 발버둥 치지 않아도 괜찮고, 골방에 처박혀 우울해 할 시간도 줄어들고,
몸에 덕지덕지 붙어있던 운명의 그물도 느슨해질테지.

이제는 이 때에,
나에게 즐거움을 주는 것들을 뭐든 해보는 거야.
그것이 우연히 나에게 오는 것이라 믿으며.

회복은 몸에서 시작된다

체형교정 마사지를 받을 때마다 나는 몸이 조금씩 살아나는 걸 느꼈다.
틀어진 골반과 어긋난 목선이 바로 잡히며, 그 안에
감춰졌던 내 마음도 함께 균형을 찾아갔다.
몸과 마음은 떨어질 수 없는 하나의 존재였다.
내가 나를 돌보는 이 과정은 단지 신체의 변화가 아니라,
내면 깊은 곳의 회복으로 이어졌다.

체형교정 마사지를 받는 동안 내게 한 이미지가 계속
떠올랐어 좌우 대칭이 완벽한 예쁜 꽃이 활짝 피었어
이전에 난 막 피기 시작하는 꽃봉오리에 더 끌렸었는데
취향도 변하나 봐
그 꽃들은 무리를 지어 화단을 가득 메웠어
초록초록한 잎들과 조화를 이루며 자신의 미모를 맘껏
뽐내었지
나도 나를 그렇게 뽐내고 싶은 걸까
틀어진 골반 기울어진 견갑골 삐딱한 목선 이런 것들이 바로
잡히면 나도 저 꽃들처럼 조화와 균형이 잡힐까
무엇보다도 건강한 기운으로 기쁨을 뿜어낼 수 있겠지
다른 꽃들과 함께

다른 모든 사람들과 함께
다른 모든 생물들과 함께

그 꽃들 중에는 유난히 눈에 띄는 한 녀석이 있었어
하얀 꽃잎이 풍성해 스틱 같은 잎들이 통통해 친구들
중에서도 제법 키가 커
난 한 눈에 걔가 리더인 걸 알아차렸어
잘나고 튄다는 것 그건 꼭 나쁜 것만은 아닌가 봐
경쟁에서 승리한 힘을 가져 남을 낮추어 보게 되는 그런
것만은 아닌가 봐
이렇게까지 우리는 아름다울 수 있으니 날 보고 여러분들
힘내라는 뜻일 수도 있어 모범이 되는 거지
친구들에게 한계에 도전하라고 격려하는 거지
이제 난 그렇게 생각해
병들고 아프고 소외된 것에만 끌리던 내가
이렇게 변하나 봐

폭풍 속의 소년

이 글은 몇 해 전 작성한 글에서 발췌한 것이다.
당시 또래 아이들보다 훨씬 무거운 폭풍을 견뎌내야 했던
특별한 소년을 K는 만나고 있었다. 소년의 여정과 그 곁을
함께 걸었던 K의 여정은 여러 달에 걸쳐 천천히 펼쳐지며,
슬픔과 회복력, 그리고 뜻밖의 보물을 드러냈다.
이제 다시 이 글들을 돌아보니, 내담자 소년뿐만 아니라
상담자 역시, 그 힘든 날들 속에서 얼마나 많은 성장이
있었는지 새삼 깨닫게 된다. 날것의 고통으로 시작했던 것이
점차 부드러움과 평안으로 변해갔다.
이 글은 그 소년의 강인함에 대한 헌사이자, 우리의 상처가
세심한 보살핌 속에서 어떻게 치유될 수 있는지에 대한
성찰이다.

늦가을 한달 동안, 온통 그놈이 K의 마음을 꽉 채웠다. 외국에 사시는 그의 삼촌이 한달 전 돌아가셔서, 온 가족이 외국에 다녀왔다. 거기에 머무는 일주일 동안, 너무도 집에 오고 싶었다. 서류와 장례 절차가 며칠 걸렸고, 성당에서의 마지막 장례 미사까지, 내키지 않는 삼촌 시신과의 접견이 거의 매일 일어났다. 그리고 슬퍼하는 할머니, 남겨진 가족과 함께 견디기 힘든 날의 연속이었다.

K는 이 스토리를 들으며 그의 슬픔과 놀람, 할머니의
황망함을 그대로 품에 받아 안았다. 아들을 잃은 할머니의
고통과 소년의 아픔이 한꺼번에 그녀를 덮쳤다.
K, 그녀는 무엇이 두려운가. 어떤 억압된 욕망과 상처가
건드려졌는가. 이렇게 슬프고 불안한 역전이는 무엇인가.

부지런히 그녀는 내면을 살핀다. 10대 사춘기 시절,
누구에게도 마음을 두지 못하고 혼자서 전전긍긍하던
시절로 돌아갔다. 무거운 슬픔과 늘 혼자라는 느낌,
'혼자임'이라는 어둡게 감춰진 짙은 그림자, 그것이
그놈에게 고스란히 전이되었군.
16일이 걸려 그 뿌리를 찾아냈다. 이 '괴물'이 피어난
정신적 토양까지 거슬러 올라갔다. '혼자임'은 때론
외로움으로, 때론 고독이라는 중독적 즐거움으로 그녀
안에 뿌리내렸다. 하지만 그보다 더 깊이, 슬픔과 융합되어
강력한 화학 작용을 일으켰다. 제대로 들여다보지 않으면
왜곡된 존재 '괴물'로 변해버리는!
그러나 이 존재가 성찰의 빛, 인식의 신선한 공기에
노출되자 마지막 변형을 겪었다.
'보물'이 된 것이다!!
그 보물은 이제 그녀에게 빛이 되었다. 슬픔과 외로움,
혼자임과 고독, 이 모든 그림자 감정은 밝음과의 통합을
기다려 왔던 것이다. 밝음은 그림자와 통합되어 더욱
투명해지고 가벼워진다.
K는 이제 그놈을 평안으로 돌봐 줄 수 있다. 어떤 비장함
없이, 비극적 장치 없이, 일상으로 대할 수 있다.

몇 달이 지나고, 소년의 존재는 K의 의식 속에 깊이 자리

잡았다. 격렬하게 몰아쳤던 폭풍은 점차 가라앉았다. 한때
너무 벅찼던 감정은 조용하지만 실체 있는 무언가로
변했다. 소년은 변해가고 있었고, K 역시 그랬다.

소년이 한바탕 폭풍우를 겪고서 태연한 얼굴로 앉아 있다.
몇달 동안의 숨막히는 시간들, 먹먹한 순간들, 태풍의 눈을
지나온 그 아이의 마음은 키 큰 만큼이나 훌쩍 자라 있다.
그러면서 능청스럽게 이 노래를 부른다.

개미는 오늘도 열심히 일을 하네 / 개미는 언제나 열심히
일을 하네
개미는 아무 말도 하지 않지만 / 땀을 뻘뻘 흘리면서
매일매일을 살기 위해서 / 열심히 일하네
한치 앞도 모르는 험한 이 세상 / 개미도 배짱이도 알 수
없지만 / 그렇지만 오늘도 행복하다네
개미는 오늘도 열심히 일을 하네 / 개미는 언제나 열심히
일을 하네

이것은 짱구의 OST로 유명하다고 한다. 그는 반쯤
농담처럼 불렀지만, 그 속에는 솔직함이 반짝였다.
함께 이 노래를 듣던 K는 미소지었다. 그래, 그는 개미
같았다. 그리고 나도 그랬다. 휴먼디자인[5]에 따르면, 인류

---

[5] 휴먼디자인(Human Design)은 '다름의 과학'으로, 각자의 독특한
디자인과 삶을 통해 성취해야 하는 구체적인 목적에 대해 알려주는
시스템이다. 현 인류가 9가지 센터(머리, 아즈나, 목, G, 천골, 심장, 비장,
뿌리, 감정 센터)로 구성된 복잡하고 정교한 메커니즘을 가지고 있다고
보며, 각 센터가 '정의', '미정의', '열림' 상태에 따라 개인의 특성이
결정된다고 설명한다(휴먼디자인 한국본사).

전체의 70%의 사람들이 '제너레이터'이다. 건설자, 노동자 등 땀 흘려 일하고, 노력한 후에야 만족감을 느끼는 사람들. 그놈이 그렇고 나도 그렇다.

열심히 일하고 땀을 뻘뻘 흘리고 나면 그제야 오는 행복감을 그 아이는 이해할 수 있다고 한다. 한 치 앞도 모르는 험한 세상도 겪어봐서 알 것 같다. 그러나 한편으론 슬프단다. 일만 하게 된다면.
그래도 어쩌겠어요, 그냥 이렇게 사는 거죠, 허허.
그러고는 덧붙인다. 이제 자신은 애늙은이가 되었다고.

그의 아픔은 한결 누그러져 있다. 다음의 아픔이 올 때까지 속으로 더 여물길 바란다.

어쩌면 이 또한 보물의 일부일 것이다.

누군가의 폭풍과 함께 걷는다는 것은 자신의 비 바람을 다시 걷는 일이다. 그리고 운이 좋다면, 한때 괴물이라 불렸던 존재가 빛나는 무언가로 변한다. 그 이름을 알고, 다른 이의 모습으로 앞서 걷는 무언가로.
우리의 여정에서, 슬픔과 혼란, 그리고 평화를 향한 걸음 걸음이 우리 모두의 깊은 연대감을 드러낸다.

휴먼디자인은 인류를 네 가지 타입으로 분류하는데, 제너레이터가 인구의 약 70%를 차지하며 이 중에는 매니페스팅 제너레이터도 포함되어 있다. 프로젝터는 약 20%, 매니페스터는 10%도 채 되지 않으며 리플렉터는 약 1%로 가장 희귀한 타입이다. 매니페스터는 외부의 도움 없이 스스로 결심하고 이를 실행에 옮길 수 있는 유일한 타입으로 여겨진다.

우주 아이

*한동안, 나는 신화와 점성학, 천문학에 관심을 기울이며,
혼자서 자료를 찾아 읽고 조용히 탐색하는 시간을 보내고
있었다.
별자리와 우주의 구조를 따라가다 보면, 어쩌면 내 안에
놓인 오래된 질문에 다가설 수 있지 않을까 싶었다.
그러던 중, 한 아이가 내게로 왔다.*

상담실 문이 열리고, 깁스를 한 채 조심스레 절며 걸어오는 어린 아이, 그 아이는 깊고 영롱한 눈을 가졌다. 또한 낯선 공간 속에서 어색함을 숨기려 애쓰고 있었다. 우리의 만남을 달가워하지 않는 듯한 미세한 거리감이 느껴졌다. 하지만 나는 그 순간, 이 만남이 단순한 상담 이상의 의미를 지닐 것임을 직감했다.

그날의 상담은 예상과는 다르게 시작되었다. 학교 적응이나 친구 관계 같은 상담다운 이야기 대신, 우리는 서로의 취미를 나누며 작은 아이스브레이킹을 시도했다.
그 아이는 뜻밖에도 칵테일 만들기에 푹 빠져 있었다. 그 순간 나는 웃음이 나면서도, 속으로 감탄했다.
한 아이가 세상을 탐색하는 방식은, 어른들의 상상보다 훨씬 정교하고도 경쾌하구나.

그 아이는 이제 자신만의 칵테일이 어떻게 탄생되는지 열심히 알려준다.
칵테일 블루사파이어(알코올 8%)를 유튜브와 레시피 책으로 배운다. 그리고 자신만의 비법을 더하여, 부모님께 대접한다.

얼음 대여섯 조각, 스윗 앤 사우어 믹스 15ml, 블루 리퀴드 15ml, 말리부 15ml, 피치트리 15ml, 기호로 레몬즙 15-20ml 를 쉐이커에 넣어 흔들어 잘 섞고, 컵에 따른 후, 얼음과 탄산수를 취향껏 더한다.
자신을 위해서는 플로리다 논알콜 칵테일을 만든다.
자몽주스 60ml, 오렌지주스 60ml, 레몬즙 22.5ml, 탄산수, 얼음을 더한다.
레몬즙은 마트에서 구매하는 것이 제일 적합하고 좋다.

이렇게 세세하게 기억해내고 설명한 후, 우리는 장래희망으로 옮겨간다.
천문학자.
그 아이는 국내 저명한 천문 동아리의 일원이다. 주로 성인과 대학생으로 구성된 그 카페에, 드물게 가입된 미성년자이다. 국내에서 일 년에 한번 열리는 '스타파티'에도 작년에 다녀왔는데, 유튜브에 올라온 동영상을 보여주며 자신이 지나가는 1초 컷을 열심히 찾아준다.
그대를 스승으로 모셔야겠다는 나의 요청에 잠시 우쭐해하며, 보드에 그림을 그려가며 질문에 답하기 시작한다.

그 그림의 요약은 이렇다.
- 우리 은하 〈 국부 은하군 〈 처녀자리 은하단 〈 라니아케아 초은하단 〈 헤라클레스 장성 〈 우주
- 샤를 메시에, 천체목록 '메시에'
- 안드로메다 은하 m31, 위성은하 m32, m110
- 우리 은하의 암흑대 : 우주의 척추, 궁수자리 A 스타[6]
- 우리 은하의 위성은하 : SMG, LMG[7]

그 아이는 물 만난 물고기 마냥 신이 나서 쏟아낸다. 생기가 넘치고 오라장은 확장된다. 반면, 생전 처음 들어보는 개념과 상상을 초월하는 저 그림들에, 난 그저 입을 벌리고 한동안 어안이 벙벙하다.

한 시간의 만남이 즐겁게 마무리 되고, 나는 우리의 만남을 우주가 준비한 필연으로 간주한다.
나도 덩달아 확장되는 가슴의 기운을 몸에 새긴다.

---

[6] 우리 은하의 중심 블랙홀, 태양계가 이 블랙홀을 돌고 있다.
[7] Smallest Magellanic Galaxy, Largest Magellanic Galaxy.

목이 막히다

*이 글은 십여 년 전, 함께했던 한 상담 여정에서 비롯된
성찰이다. 시간이 흘렀지만, 그 안의 주제는 여전히 마음에
깊은 울림을 준다.
돌봄 속에서 어떻게 자신의 목소리를 잃고 다시 되찾게
되는지, 그리고 시간이 흐른 후 그 목소리가 어떻게 다시
제대로 표현되기 시작하는지, 그 울림을 추적해본다.
프라이버시 보호를 위해 일부 각색하여 소개한다.*

한 소녀가 내 맞은편에 앉아 조심스레 여동생 이야기를 꺼냈다. 그녀는 자신이 겪었던 일을 동생은 겪지 않길 바랐다. 부모의 끊임없는 싸움, 장녀라는 이유로 쏟아졌던 온갖 책임들. 그녀는 늘 그 무게로부터 동생을 지켜왔다.

우리는 천천히 그녀의 초기 기억들을 탐색해 갔다. 너댓 살 무렵, 방문 밖에서는 부모님이 고함을 치며 서로 언쟁하고 있었다. 방 안에서 그녀는 동생에게 장난감을 건네고, 게임을 하며 주의를 돌렸다. 아직 작은 몸이었지만 긴장감은 고스란히 지금의 몸에 남아 있다. 심장은 빨리 뛰고, 다리는 떨렸으며, 귀는 방문 밖의 부모의 언쟁을 놓치지 않으려 바짝 곤두서 있다.

그녀가 눈을 감고 이 기억을 다시 떠올릴 때, 어깨는 굳고
목은 조여온다. 목구멍 어딘가에서 무언가 올라오려 했지만
끝내 흘러나오지 못한다.
목이 막힌다.
그 감각은 목과 가슴 언저리에 답답하고 쓰라리게 남아
있다. 그러다 서서히 풀어졌고, 마침내 물처럼 흐른다.
심장박동도 차츰 가라앉는다.

조금 후 그녀는 최근 남자친구에게 이별을 먼저 통보했던
이유를 조용히 이야기한다.
오랫동안 그 남친은 그녀의 세계 중심이었고, 그녀는
자신의 목소리를 억누른 채 그의 바람에 자신을 맞춰왔다.
그렇게 하며 마음은 점점 피폐해지고, 마치 사막처럼
느껴졌다. 비록 이별 통보는 오래가지 않고 해프닝으로
끝났지만, 그 사건은 그녀 안에 무언가가 열리기 시작한
조짐이었다. 어떤 희미한 가능성이 기대된다.
좀 더 자유롭게 관계를 맺을 수 있지 않을까.

우리의 만남이 몇 번 더 이어지며, 그녀는 더 큰 질문과
마주하게 되었다.
나는 한 번이라도 나 스스로 진심으로 원하는 걸 바란 적이
있었을까? 내가 자라오며 형성된 욕망은 누구의 것일까?

그녀는 회상했다. 싸움이 끝난 후, 부모는 번갈아 가며
그녀에게 와서 상대방을 원망하며 털어놓곤 했다. 부모가
그녀에게 바랐던 것은 무엇이었을까. 그들의 감정적
보살핌과 위로의 대상이 되어 달라는 것이었을까.
그녀는 그렇게 했다. 한없이 받아들이고, 아무 조건 없이

사랑하는 존재가 되었다. 그것이 그녀의 정체성이
되어갔다.

이런 관계 패턴은 남자친구와의 관계 속에서도
반복되었는지 모른다. 처음엔 따뜻하고 편안했다. 그녀는
처음으로 어린아이처럼 기대며 쉴 수 있었다. 그러나
시간이 지나면서 그는 점점 더 많은 것을 요구했다. 그녀는
또다시 긴장하며, 상대를 실망시키지 않기 위해 애쓰고,
갈등을 피하려 조심했다.

그러다 어느 날, 문득 깨달았다.
나는 또 돌보는 사람 역할을 하고 있잖아.
그 깨달음은 그녀에게 큰 충격이었다. 그러나 동시에,
처음으로 자신을 위해 '내가 원하는 것'을 말해볼 용기를
가진다. 비록 그 말이 일시적인 불편이나 갈등을
일으킬지라도.

그 후 몇 차례의 만남 속에서 작지만 꾸준한 변화들이
나타나기 시작했다. 그녀는 남자친구에게 자신의 감정을 좀
더 분명히 표현하게 되었다. 어떤 음식이 먹고 싶은지, 언제
혼자 있고 싶은지 등을. 놀랍게도, 그런 말들이 관계를
무너뜨리지는 않았다. 오히려 관계는 조금 더
부드러워졌다.
그녀는 이 관계가 전보다 더 자유롭고 평등하다고 느낀다.
더 이상 숨죽이며, 상대의 필요를 먼저 채워야만 한다는
불안 속에 살지 않게 되었다.

그리고 언젠가, 이렇게 말하며 미소지었다.

저, 이제야 비로소 그냥 '나'로 존재하는 게 어떤 느낌인지, 조금 알 것 같아요.

그녀의 고통과 나의 자리

이 글은 고통 속에 있는 한 여고생을 지켜보며 쓴 성찰의 기록이다.
상담자이자 치유자로서 나는 때때로 미묘한 경계 위를 걷는다 - 연민과 피로 사이, 전문적인 태도와 인간적인 아픔 사이.
이런 글쓰기는 나 자신을 열어 두고, 진실하게 머물기 위한 나만의 방식이다.

어젯밤부터, 나는 한 소녀의 고통을 안고 있다.
그것이 내 것은 아니지만 나는 그만큼 그 아이의
이야기에 귀를 기울였다.
그리고 오늘 아침 여전히,
숨이 가쁘고, 답답하다.
숨이 얕다.

마스크로 가려진 그녀의 얼굴이 내 머릿속을 가득 채운다,
특히 그 아이의 눈빛.
표정을 가릴 수는 있어도 그 무게는 숨길 수 없다.
그 아이를 밀어 부치는 그녀의 엄마가 밉다.
그리고 나는 나 자신이 밉다. 그녀의 고통에 내 가슴이
답답해져, 빨리 편안해지고 싶어하는 내가 이기적인

것처럼 느껴진다. 다른 한편, 전문가답게 내 마음을
평안하게 지킬 수 없는 내가 밉다.

아마 이것이 '두 세계 사이'를 걷는 것인지도 모르겠다.
붙잡고 있는 것과 놓아주는 것 사이,
고통받는 자와 듣는 자 사이.
내 안에 그 아이의 고통은 영원하진 않을 것이다.
하지만 그것을 지금 당장 없애 버리고 싶지도 않다.
연민과 피로 사이 어디쯤, 나는 머문다.
그녀를 구하려고 애쓰지 않고 그렇다고 도망치려고도 하지 않으며,
그저 열려 있으려 한다.

완벽한 치유자가 있을까.
오직 존재, 오직 숨만 있겠지.
비록 그것이 얕은 떨림이겠지만,
그리고 아마 내 가슴의 아픔은
내가 나의 온 마음으로 그 자리에 있었음을
그녀와 함께 존재했음을 말해주는 것일테다.

마음챙김과 몸챙김

i.

다음 글은 몇 해 전, 새로 전학 온 한 소년 내담자가 자신의 시점에서 직접 쓴 이야기이다.
상담자로서 그의 목소리를 존중하며, 그의 글을 소개한다.

나는 전학온 지 8개월 만에, 처음으로 상담을 받기 시작했다.
당시 나는 같은 학년 아이들로부터 오랜 시간 괴롭힘을 당해왔고, 주변 친구들의 권유로 어렵게 상담실의 문을 두드렸다. 상담을 받으러 갈 때, 내 마음 한편에는 '아무도 내 고통을 제대로 이해하지 못할 것'이라는 깊은 불신이 자리하고 있었다. 내가 겪은 고통은 분명 학교 폭력이었고, 그것은 겪어보지 않은 사람은 절대 이해할 수 없다고 생각했다.
그래서 누군가에게 내 이야기를 털어놓는다는 것은 경험해보지 못했기 때문에 두렵고 불편한 마음이 자리잡고 있었다.

그러나 상담실 문을 열고 조심스럽게 자리에 앉았을 때, 나는 예상치 못한 따뜻함과 마주하게 되었다. 상담

선생님은 내 말을 단 한 번도 끊지 않으셨고, 끝까지 진심 어린 눈빛으로 들어 주셨다.

나는 조심스럽게 기억과 감정을 꺼내 놓았고, 때때로는 눈물을 참지 못하기도 했다. 그럼에도 불구하고 선생님은 내 이야기에 깊이 공감해 주셨고, 마치 내 아픔을 자신의 아픔처럼 대해 주셨다. 상담 초반에는 내가 충분히 내 감정을 말하고 풀어낼 수 있도록 귀 기울여 주셨다. 어떤 해결책을 강요하기보다는, 내가 스스로 감정을 다루고 정리해갈 수 있도록 도와 주셨다.

그리고 어느 순간, 더 이상 아픈 기억을 말할 때 눈물이 흐르지 않게 되었을 때, 선생님은 내가 겪고 있는 고통스런 기억, 즉 트라우마를 극복할 수 있도록 구체적인 방법과 방향을 제시해 주셨다.

ii.

몇 회의 만남 동안 우리는 마음챙김에 집중했다.
힘들었던 지난 날의 경험이 몸에 엄습해올 때는 몸챙김에 집중했다. 갖가지 불편한 감정들, 폭력과 폭행 속에서 느낄 수 있는 모든 감정을 그 소년은 몸에 저장하고 있었다.
분노와 좌절, 후회와 회환, 자책과 슬픔, 외로움, 공포…
이 모든 감정을 마주하고 제대로 느끼고 흘려 보낸다.
소년은 아주 용감하고 침착했다.
그러나, 그 중에서도 가장 깊은 곳, 가장 낮은 주파수,

잡아내기에 가장 어려운 것.
뭔가가 더 남아 있다.

아, 이젠 다 된 것 같아요.
그 사건은 이제 괜찮아요. 다 잊었어요.
걔네들이 와서 나에게 사과도 했고… 그래도 난 받아주지 않았지만.

그 소년이 마주하고 싶지 않은 감정은 무엇일까.
이렇게까지 신뢰하여 모든 사실을 세세하게 토로한 상담자에게는 물론이고, 소년 스스로 회피하고 싶은 그 감정은 과연 무엇일까.

난 차분히 소년에게 제안한다.
이제 글쓰기를 해보자. 지금까지 진행해 온 작업을 점검하는 일이야. 그것을 한 번 너의 말로 정리해 보자.
이것은 누구도 볼 수 없는 너만의 저널인거지.
상담자인 나도 보지 않을 거야.

소년은 집중해서 써내려 간다. 심각한 얼굴로, 때론 눈물을 머금으며.

또다시 상담자는 솔직하게 건넨다.
우린 여기까지 아주 잘해 왔어. 근데, 뭔가가 남아있는 것 같아.
그 사건을 당할 때, 너의 몸 감각을 느낄 수 있겠니? 그때의 감정을 들여다 볼 수 있겠니?
너 자신에게만 솔직할 수 있을까?

그걸 글로 표현해 보겠니?
나한텐 말 안 해도 돼.

소년은 한참을 주저하더니, 한 번 해보겠다고 한다.
자주 머뭇거리고, 가끔 한숨이 나온다.
긴장되는 팔 다리, 움츠러드는 어깨, 일그러지는 표정…
그렇게 한 자 한 자 눌러쓰는 글들.

나 혼자 스스로도 마주하기조차 부끄러운
……
창피함
모멸감
……
내면 깊숙이 자리한, 외면하고 싶은 불편한 감정,
수치심…
……

그렇게 우린 차갑고 어두운 정적 속에서, 한동안 함께
머물렀다[8].

홀로 스스로 글을 쓰면서 소년은 자신의 감정을 몇 차례 더

---

[8] 데이비드 호킨스(David R. Hawkins)의 의식 지도에 따르면, 수치심(shame)은 의식수준 척도의 가장 낮은 단계(20)이며, 이는 부정적이고 파괴적인 감정으로 최악의 마음상태를 나타낸다. 의식지도는 인간의식 수준을 1 부터 1000 까지의 척도로 수치화한 것이며, 수치심은 죽음과 가깝고 우울증과 같은 심신질환의 근본적인 패턴과 연결된다.
『의식혁명』, 83, 90 쪽.

마주했다.
그러자 소년은 점점 자신의 본모습을 되찾아갔다.
매일 밤 악몽에 시달리고 불면으로 지새우더니, 이제는 오히려 잠을 너무 자서 고민이 된다.
친구들의 사과도 어느정도 받아들여 스스럼없이 지낸다.
무엇보다도
걱정하시던 부모님이 편안해지신 게 제일 기쁘다.

함께 머문 공명

*몸과 기(氣)에 민감해 질수록, 관계 안의 미세한 떨림에도
반응하게 된다. 특히 내가 일하는 학교라는 현장에서는,
공명의 순간이 더 자주 찾아온다.
어떤 이들의 이야기가 깊숙이 우리 안으로 들어올 때가
있다. 생각을 넘어, 몸과 숨결, 그리고 마음의 고요한 기도로
응답하게 되는 순간이다.
이 글은 바로 그런 이야기를 들은 뒤에 찾아온 내면의
반응이다.*

- 어떤 고등학생들이 어떤 사건 때문에 서로 충격을
주고받았다는 이야기를 듣고, 그들을 향한 마음으로
가부좌를 틀고 앉다 -

시간과 시간 사이의 고요 속에서
무언가가 나를 기억했다.

그 고요는 방금 전 짧은 명상처럼,
하나의 사건을 감싼 에너지장의 흔들림과 깨짐,
그리고 그 자리에 남겨진 상처로 흘러간다.

내가 그것을 떠올리고 연결될 때,
사실은 그것이 먼저 나를 불러왔음을 알아챈다.
응답할 때까지, 조용히 기다려온 것이다.

그 기억은 그 사건의 평행 현실과 지금 이 순간의 나를 연결한다.
그 에너지장 안에 내가 온전히 머물자,
흔들리고 깨졌던 기운들이 조금씩 제자리를 찾아간다.

우리의 에너지가 서로 닿을 때,
나는 그들의 아픔을 느낄 수 있다.

그래서 나는 그 고통의 장 안에
온전히 머문다.
지금 내가 할 수 있는 일은,
이것 뿐이다.

함께하는 글쓰기

글을 쓴다는 것은, 결국 누군가를 깊이 들여다보는 일이다.
나 자신을, 때로는 타인을.
오늘 나는 한 아이와 마주보며 앉아 있다. 햇살이 창문을
타고 들어와 살며시 책상 위에 쌓인다. 아이도, 나도 말이
없지만 서로의 생각이 이 공기 안에 퍼지고 있다.
그 아이는 작가가 되고 싶다고 했다. 나는 웃으며, 그건
외롭고도 기쁜 길, 그리고 귀한 길이라고 말했다.
그가 그의 생각을 정리하는 동안, 나는 그에게 내 축복을
건네는 글을 쓰고 있다.

마음이 잘 맞는 사람들과 깊은 대화를 나누는 일은 삶에서
가장 큰 기쁨 중 하나다.
오늘, 내 앞에는 우리 학교에서 똑똑하다고 알려진 한
고등학생이 앉아 있다. 그는 글을 쓴다. 언어를 탐색하고,
표현을 연마하며, 작가가 되기를 꿈꾼다.
우리는 마주 앉아, 말과 침묵 사이를 오가며 글을 쓴다. 그가
조심스럽게 꺼내 놓는 20분 남짓의 이야기들은, 진지하고
귀하다. 가정과 친구, 사회와 자아 사이에서 겪는 갈등과
고민, 그 틈에서 움트는 사색들…
그 나이에 그런 생각을 품고 있다는 것 자체가 이미

귀하다는 말이다. 인간을 깊이 이해하는 사유가 나중에 꽃 피울 귀중한 서사의 씨앗이 되기 때문이다.
나는 그에게 나의 이야기를 들려준다. 조금은 인생 선배로서의 경험담이기도 하고, 무엇보다도 인간 대 인간으로서의 교감이다.
사랑과 존경과 자유로운 영혼 사이에서 이루어지는 교류.
우리는 함께 묻는다.
어떻게 우리는 더 인간다워질 수 있을까.
어떻게 하면 더 풍요로운 관계를 가질 수 있을까, 그것의 시작은 무엇일까.
약간 거짓이 가미되어도 될까, 페르소나라는 그것이 사회적 관계의 기술에 필요할까.
뭐 그런 것들.
어쩌면, 그런 물음 자체가 우리를 조금 더 단단하게 만든다.

나는 이 아이의 앞날을 마음껏 축복하고 싶다.
지금 이대로 딱 이만큼, 계속 힘이 있고 회복 탄력적이기를 바란다.
깊이 사색하고, 부지런히 기록하고, 탐험하기를 바란다.
때로는 우쭐대며 자신을 과시하길 바란다. 가끔은 그래도 괜찮다.

그러다 보면, 어느 날은 인생의 참 목적과 맞닥뜨릴 수도 있다.
나는 어디서 와서 왜 살며 어디로 가는가?
종교나 철학 서적에서 많이 듣던 말이지만, 결국 우리 모두가 품고 있는 원초적 질문이자, 우리의 영혼에게 큰 울림을 주는 물음이다.

그 답을 단번에 찾지는 못할 것이다. 혹 찾았다 해도 그것은 그 순간의 진실일 뿐, 곧 또 다른 경계 너머로 나아가게 될 것이다.
그것이 바로 의식의 성장이니까.
더 확장되고, 더 높아지고, 더 넓어지고, 더 가벼워지고,
무엇보다 더 진실해지길 바란다.

그런데 말이지, 애야,
이 모든 말은 사실, 나 자신에게 하는 말이란다.

호흡명상

이 명상은 내가 오랫동안 방과 후 명상반을 이끌며 아이들과 함께 나눈 것이다.
온종일 분주하고 감각이 흩어지기 쉬운 교실이라는 공간 안에서, 잠시 멈춰 고요 속으로 들어가 보는 시간이었다.
어떤 날은 아이들이 조용히 눈을 감았고, 어떤 날은 말없이 바닥에 엎드려 숨소리를 들었다.
나는 천천히 말을 건넸고, 아이들은 그 말을 따라 한 호흡씩 자신에게 다가갔다.
이 글은 아날라요 스님의 '호흡마음챙김명상'을 참고하여 만든 것으로, 그때 우리가 함께 나눈 명상 그대로이다.

지금 여기, 앉아 있는 몸을 알아차립니다.
몸이 의자 위에 편안히 놓여 있듯,
마음도 이 몸 안에 조용히, 편안히 머물게 해봅니다.
명상을 위한 자세를 갖추듯이,
우리 내부에도 마음의 자세를 마련합니다.
우리가 지금 왜 명상을 하는지, 그 동기를 조용히 떠올려 봅니다.
- 아마도 몸과 마음의 평온함을 기르기 위해서일 것입니다.
숨을 깊이 들이쉰 뒤, 자연스럽게 내쉽니다.
천천히 주의를 척추 아래쪽부터 위쪽으로 옮겨갑니다.
척추 하나하나가 이완되는 것을 알아차리며,

자연스럽고 바르게 정렬되도록 합니다.
머리 꼭대기를 누군가가 부드럽게 천장 쪽으로 당기듯,
몸의 윗부분을 곧게 세워봅니다.
그러면서 어깨, 팔, 근육의 긴장을 부드럽게 풀어냅니다.
마음이, 곧게 선 몸과 함께 정렬되는 것을 느껴봅니다.
그리고 지금, 이 순간,
바로 여기에 마음이 머물고 있음을 알아차립니다. 우리는 과거에 살 수 없고,
미래에 살 수도 없습니다.
오직 지금 이 순간만이
우리가 살 수 있는 유일한 시간입니다.
마음을 지금 이 순간으로 부드럽게 데려옵니다.
그리고 알아차림 – 깨어 있는 마음의 상태를 살펴봅니다.
마음 속에 알아차림이 자리하고 있을 때,
그 마음은 어떤 느낌인가요?
어쩌면 부드럽고, 어쩌면 맑고 또렷하며,
열려 있고, 넓고 평온할 수도 있습니다.
지금 이 순간, 있는 그대로의 마음을 만나봅니다.
알아차림의 품 안에서,
우리는 숨을 알아차릴 수 있습니다.
 들숨과 날숨,
그 단순한 흐름만을 알아차립니다.
숨을 알아차리기 위해
입술이나 콧구멍, 목, 가슴, 배에 주의를 둘 수도 있지만,
가장 중요한 것은 바로 '숨 그 자체'입니다.
들이쉬고, 내쉬고…
이 순간에 머물며,
이 순간 안에 깃든 아주 미세하고 잔잔한 기쁨을

알아차립니다.
그것은 아주 부드럽지만,
지금 여기에 머물고 있는 것만으로도 느껴지는 고요한 기쁨입니다.
이 기쁨이
우리를 숨과 함께 머물게 해주는 힘이 됩니다.
숨은 마음의 통로입니다.
또한, 숨은 중립적인 것이기에
마음은 쉽게 떠다니곤 합니다.
하지만 숨을,
지금 이 순간의 고요한 기쁨과 연결해줄 때,
마음이 떠다니지 않고 머무르기가 훨씬 쉬워집니다.
그래도 마음이 이리저리 떠다닐 때가 있다면, 그 마음을 미소로 알아차립니다.
부정하거나 실망하지 않으며, 아, 마음이 또 나를 데리고 어디론가 가려 했구나 - 하고 알아차립니다.
그리고 나서 다시, 지금 이 순간으로 돌아옵니다.
이제 마음의 고요 속에서,
가슴 깊은 곳에 퍼지는 잔잔한 기쁨을 느껴봅니다.
그 기쁨의 에너지가 온몸으로 퍼져 나갑니다- 머리 끝에서 발 끝까지, 온몸을 감싸며 퍼져가는 평온함.
몸 전체를 하나로 알아차립니다.
그리고 그 배경에는 여전히 숨의 흐름이 함께하고 있습니다.
이 고요함과 평온함 속에서 잠시 머뭅니다.
종소리가 울릴 때까지…

2부 시간의 재구성

- 기억의 재방문

회귀

나는 이제 막 태어났다.
엄마의 자궁을 빌려, 지구에 무사히 안착한 것이다.

12월 어느 날 밤 9시 50분, 부산 영도.
나는 막 운다. 슬퍼서도, 서러워서도 아니다. 그저 울 뿐이다.
엄마의 양수 밖으로 나왔으니, 모든 게 처음이고 모든 것이 낯설다.
나는 소리 내어 마음껏 운다.
눈을 감고, 있는 힘껏 숨을 들이마시고 내쉰다. 내쉬는 숨에 또 운다.
그것이 내가 지구에서 처음으로 해야 할 일임을, 본능적으로 안다.

60년 전, 그때는 대부분 그러했듯 집으로 산파가 와 있었다.
그녀는 나를 받아 엄마에게 말한다.
딸이에요.
엄마는 몹시 서운했던 모양이다.
뱃속에 있을 때, 아들이라고 진맥해주었던 그 산파였다.
그녀도 조금 미안했던 것 같다.
엄마는 그 말을 믿고, 해외에 계신 아버지께 아들이라고 이미 전했었다.
아들이라는 말만 믿고, 기우는 살림에도 지우지 않고 나를 뱃속에 품었던 것이다.

엄마의 한숨과 실망이 나에게 전해진다.
나는 잠시 움츠러든다.

하지만,
이 멀고 험한 길을 내가 어떻게 왔는가.
나는 곧 정신을 차리고, 더 크게, 더 힘주어 울어 댄다.
나 스스로에게 보내는 첫 다짐이다.

그때,
저기 방문이 열리고, 조그마한 여자아이가 빼꼼히 내다본다.
나는 한눈에 알아본다.
저 네 살배기 소녀가 나의 언니구나.
반가워, 언니야.
언니는 다가와 나를 토닥인다.
나는 울음을 멈추고, 그녀의 손길과 부드러운 에너지를
느낀다.
그녀는 나의 언니.
이후엔 엄마 같은 언니가 될 것이고 우리의 운명은 곧
뒤엉킬 테다, 떼려야 뗄 수 없는 자매지간으로.
엄마는 내게 젖을 물리고, 언니에게 나를 소개한다.
늦은 밤까지, 언니는 나의 탄생을 기다리며 잠들지 않았다.
우리 세 모녀는 나란히 누워
잠시 평온한 시간을 누린다.

지구에 오길 잘했다.
세상은 따뜻하고 부드럽다.
엄마와 언니는 나와 참 많이 닮았다.

익숙한 감각 속으로 나는 곧 스르르 잠이 든다.

아, 저 방 어딘가엔
두 살배기 사내아이 - 오빠가 자고 있었다는 걸
나는 훨씬 후에야 알게 되었다.

공간과 기억

*수십 년 전 젊은 새댁 시절, 난 서울사람 남편 따라 부산
고향을 떠나 서울로 올라왔다.
시누이댁 곁에 자리잡자 시누이 자녀들, 즉 중,고등학생의
조카들을 중심으로 그룹 과외를 시작해 눈코 뜰 새 없이
바쁘게 몇 년을 살았다.
정착하자마자 첫 몇 달 동안, 틈틈이 올라오는 답답함,
뭔가에 대한 그리움..
그것이 이제 한계에 다다라 문자 그대로 '미추어'(미쳐) 버릴
것 같은 지경의 마음.
그 순간에 떠오르는 것은 바다였다.*

그해 여름은 유난히 비가 많이 오던 해였다.
결국 난 남편을 졸라 인천으로 드라이빙을 갔다.
조금만 있으면 난 바다를 볼 수 있을 것이고 숨을 쉴 수 있을
것이다.
이게 얼마 만이냐, 바다야.
조금만 기다려라.

그렇게 설레는 마음으로 두 시간을 달려간 인천 바다는..
내가 상상한 그 바다가 아니었다.

파란 바다와 길게 펼쳐진 백사장, 쏴- 하고 부서져오는
파도, 탁 트인 수평선, 날아오르는 갈매기. 그런 바다가
아니었다.
그렇게 넋 놓고 바라보면 답답한 가슴이 쓸어 내려가고,
아스라히 꺼져가는 일몰에 저려오는 심장께에 생명의 공기
가득 품어오는, 그런 바다가 아니었다.
정신없이 내몰리던 일상의 가쁜 숨을 뱉어내면 괜찮다
괜찮다 화답하듯 익숙한 짠내 머금은, 그런 바다가
아니었다.
어떤 때에는 소주 한 잔에 물에 뜬 달을 건지러 바짓가랑이
걷어붙이고 첨벙첨벙 뛰어들던 친구 같던, 그런 바다가
아니었다.
부슬비 내리는 날 한껏 감상에 젖어 믹스커피 한잔 들고
파도 따라 나란히 백사장을 걷던, 그런 바다가 아니었다.
인천 바다는 그런 바다가 아니었다.

내가 그토록 원한 바다는, 바다 그 자체가 아니라
내 마음 속 바다,
고향과 시간과 그리움이 포개진
어떤 한 조각이었나.

추억과의 작별 여행

*젊은 날의 내가 짙게 스며 있던 그 바다들을, 수십 년 만에
다시 찾았다.
해운대와 광안리.
내 마음의 어느 해안선에선 아직도 그 시절의 내가 파도처럼
밀려오곤 한다.
그리고 이번엔, 그 추억들을 천천히 떠나보내려 한다.*

해운대
해운대는 더 이상 내 것이 아니었다.
소주 한 잔과 물속에 떠있는 보름달, 축축한 백사장,
화려하게 펼쳐져 접근할 수 없는 또다른 세계 조선호텔.
그래도 좋아, 우리는 이렇게 술 한 잔에 이백을 읊고 그 달을
건지러 바짓가랑이를 걷어붙이는 낭만과 패기가 있으니.
그 때의 그 선배는 뛰어드는 나를 붙들고는 자기가
건져오겠단다.
몸을 휘청이며 깔깔대다가 서글프고 허탈한 웃음으로 주위
공기를 분산시키던 시절.
비 내리던 날도 잊히지 않는다.
부스스 내리는 가랑비 속,
우산 하나 받쳐 들고 백사장을 홀로 쓸쓸히 걷던 날들.
그건 그 시절 특유의 고독과 낭만이었다.

젖은 모래에 발자국을 축축하게 남기며 스스로를 찾고
싶었던 시간들.

그래, 그 해운대는 사라진 지 오래다.
지금은 글로벌리 모두가 공유하는 해운대.
아침부터 외국인들이 조깅하고,
곳곳에서 여러 나라 말이 섞여 튀어나오고,
카페와 라운지마다 영어, 중국어, 일본어가 엇갈리며
쏟아진다.
더 이상 쓸쓸히 걷거나 달을 향해 바짓가랑이를 걷어붙일 수 없는,
너무 밝고 번듯한 해변.
나는 그에게 맥주 한잔으로 아듀를 보낸다.
내 것이었던 해운대를
떠나 보낸다.

광안리
그는 지금 어디에 살고 있을까.
저기 남천동 화려한 아파트에서 깨끗한 얼굴과 보드라운
손으로 책에만 빠져 있던 그.
그를 피해 나홀로 쓸쓸히 해변을 걷던 시절,
퇴폐미에 잔뜩 찌들어 담배 한 개비 물어 들고 멋부리던
시절.
그렇다, 퇴폐미! 그것도 아름다움이었다.
낭만을 좇다가 비극미에 젖어 질척대던 시절, 그는 나와
친구 몇몇을 건져 퇴폐미를 가르치고 자신은 고상하게
우아미에 안주했다.
우아하던 그가 혹시 70세가 되어 야외 공동체육시설에서,

역시 얼굴이 깨끗한 아내와 운동하고 있는 저분일까.
아니면 몸을 비스듬히 누이고 산책하는 저기 저분일까.
아니, 저렇게 겸손할 리가 없어.
그는 당당하고 오만하게 자신만의 세계를 구축하고는,
'들어올 테면 나의 언어를 배우라'는 메시지를
고압적으로, 말없이 건넸던 걸 난 똑똑히 기억하니까.

광안리, 너도 이제 안녕.
더 이상 너는 퇴폐미든 비극미든 우아미든,
어떤 아름다움도 내 눈에는 포착되지 않는다.
오히려 길게 늘어선 저 광안대교, 압도적 건축물,
문명이라 하기엔 긍정적, 미적인 면이 조금도 느껴지지
않는다.
단지 산업화의 끝자락, 건설업이 기형으로 발달해
오히려 부조리를 일으키다 태어난 돌연변이 브리지.
그래서 광안리, 너도 이제 안녕.

나는 이제 너희를 떠나 보낸다.
낭만도, 퇴폐도, 우아도 모두 그 시절의 파도에 실어 보낸다.

그 때에, 거기에 내가 있었다.
그리고 지금의 나는, 그 모든 추억에 인사를 건넨다.
안녕 나의 바다여.

젊은 엄마 시절

아가 딸이 내게 미소를 지어주었다.
이제 두 달 된 신생아이다. 그 아가는 아직도 방황하는
나에게 기쁨과 행복, 그리고 존재의 의미를 가져다 주었다.
그 아가도 마찬가지였을 것이다. 엄마가 전부이고, 분리할
수 없는 온 세상이자 낙원이었을 것이다.
불연속적인 그 시절, 완전히 새로운 장을 연 결혼 생활 초기,
오늘 나는, 나의 젊은 엄마 시절을 되짚어본다.

만삭이 되어 예정일을 2주 앞두고 친정 엄마에게로 향했다.
엄마는 오빠와 올케 언니와 함께 살고 계셨다. 지치고
고단했던 자신의 인생에서 막 벗어나 가장 안정적인 삶을
누리던 때였을 것이다.
우리는 미리 알아둔 조산 병원으로 버스를 타고 갔고,
4~5시간 만에 아기를 분만했다. 밖에는 젊은 남편이 신문을
보고 있었고, 엄마는 내 배를 문지르며 양수를 닦아가며
도왔다. 아가는 지구에 무사히 안착했고, 엄마는 '달고
나오지'라는 말을 몇 번이고 중얼거리면서도, 예쁜 아가를
안고 기뻐하셨다.
그리고 우리는 오빠 집으로 돌아와 한 달간 조리를 했다.
엄마는 매우 헌신적이셨다. 아가를 씻기고 먹이고 재우고,
또 나를 먹이고 재웠다.

나는 그런 엄마를 경험한 적이 기억에 거의 없었다.
먹고살기 바빴던 시절, 엄마는 가족의 경제를 책임지며
바쁘셨을 것이다. 그래서 이 분에 넘치는 보살핌이
낯설었지만, 동시에 참 좋았다. 엄마가 지금 잘 살고
계시다고 안도감도 들었다.

방 한 칸 짜리 신혼집으로 아가와 함께 돌아왔고, 곧 나는
혼돈에 빠졌다. 먹을 것을 제대로 먹지 못해 젖이 잘 나오지
않았고, 아가를 씻기고 재우는 일도 제대로 할 수 없었다.
해질 무렵이면 아가는 칭얼거리며 울었고, 옆 방 주인집의
눈치를 보느라 마음이 더욱 불편했다.

그렇게 2~3주가 지나고, 아가를 창가에 뉘어 놓은 채
집안일을 하며 이리저리 분주히 움직이고 있었다. 그러다
문득, 아가를 바라보았다. 아가는 내 움직임을 조용히
따라오다가, 눈이 마주친 그 순간, 나를 향해 활짝 미소를
지어주었다.
그 미소는 말갛고 투명했다. 마치 햇살 한 줄기가 마음 깊은
곳까지 스며드는 듯했다. 가슴이 뻐근해졌다. 숨이 멎을
뻔했고, 눈물이 핑 돌았다. 세상이 잠시 멈춘 듯했고, 내
안에서 꽁꽁 언 얼음장이 슬며시 녹아내리는 것 같았다.
아가는 나를 보고 웃었다.
내가 이 세상에 존재한다는 사실만으로도 충분하다는 듯,
다른 어떤 조건도 요구하지 않은 채, 전부를 주는 눈빛으로
나를 바라보았다.
그 순간, 내 안에서 울고 있던 젊은 엄마, 불안하고,
쓸쓸하고, 못난 엄마일까봐 전전긍긍하던 그 젊은 엄마가
살며시 울음을 그쳤다.
산후 우울이라는 이름조차 붙일 수 없었던 어둡고 무명의

감정들이, 그 미소 한 줌에 눈 녹듯 사라졌다.
그때 나는 알아차렸다, 나는 지금 이 아가의 엄마이고, 이 아가는 지금 나의 빛이라는 것을.

그 후 1~2년의 시간은 내 인생에서 가장 고요하고 충만한 시절로 내 안에 남아 있다. 이전에는 그 시기를 늘 버겁고 외로운 시기로만 기억했었다. 아무도 날 도와주지 않았던, 울음을 삼키며 버티던 시간이었다.
하지만 이제 다시 떠올려보니, 그 안엔 사랑이 있었다.
관계의 새살이 돋고, 새로운 생명과의 교감이 깊어지고, 나도 모르게 다져지던 시절이었다.

나는 지금, 그 시간을 다시 품고 있다. 다시 쓰고 있다. 내 안에서 오랜 시간 잠들어 있던 것들이 깨어나고 있다.
사랑을 받았던 기억, 사랑을 주었던 기억, 그리고 그 모든 순간을 통과해 지금 여기까지 와 있다.

나는 '나의 젊은 엄마 시절'을 떠나보내는 것이 아니라, 다시 맞이하고 있다.
나를 키운 시간과 내가 키운 시간을 함께 껴안으며, 생의 어떤 선순환이 나를 이끌고 있음을 느낀다.

말과 풍경

사회학자 엄기호는 말한다. 말은 풍경에 따라 달라지고, 말의 힘은 풍경에서 오며, 가장 아름다운 말은 풍경에 맞는 말임을 알게 됐다고.
엄기호의 이 글을 '말과 풍경은 어우러져야 제맛이다'라고 내 식대로 이해해본다.

나의 말과 풍경은 지금까지 어땠을까?
표준말로 한국어 기본을 익힌 재일 동포였던 어머니 덕에, 나는 부산에서 자랐으나 사투리가 심하지 않다고
자부했었다.
그러나 결혼 이후 서울로 이사 와 말로 벌어먹는 일을
갖고부터 나의 말투를 의식하기 시작했다.
만족스럽지 못했다.
지금 생각해보면, '말과 풍경'이라는 틀로 그 당시를 재단볼 때, '풍경 따로 말 따로'라고 할 수 있겠다.
가족이나 편한 사이의 대화에서는 괜찮았던 것 같다. 별 기억이 없는 걸 보니.
그러나 밖에서 가지는 만남, 일과 관련되는 대화, 심지어 교회의 구역 모임에서까지 자주 어색했다. 대개 서울말 섞인 어색한 나의 사투리가 내 귀로 들려올 때 더욱 그랬다.
풍경 따로 말 따로.

배경 속에 자연스럽게 녹아들지 않은 선명하고 눈에 띄는
이물질처럼.

외국에서의 4년 유학생활은 더했다. 군중 속의 고독이라
할까. 아니, 고통이라는 어휘가 더 맞을 것 같다.
학교에서는 영어가 안 되고, 한인 모임에서는 한국어도 잘
안 된다. 외국인을 만나면 긴장하게 되고, 한국인과 대화할
땐 어눌해진다.
여기서도 저기서도 난 종종 침묵한다.
말은 사라지고 풍경만 남는다.
타향살이, 스산한 날씨, 선명한 이국의 풍경.
그땐 그랬다.

인생 삼사 분기 말 시점인 요즈음, '말과 풍경은
어우러진다'고 할 수 있겠다.
말은 깜박거리고, 풍경은 모호히 아름답다.
마치 고흐의 별밤처럼, 모네의 해돋이처럼.
말은 슬로우 모션으로 시간을 거스르고, 풍경은 먼 거리에서
풍경화를 감상하듯 공간을 거스른다.
어떤 때에는 과거의 유년기로 퇴행한 듯하고, 또 어떤
때에는 초월한 세상을 사는 듯하다.
어머니의 어색한 표준말과 정감 있는 욕설이 아련히 들려
오기도 하고, 내가 그대로 흉내내기도 한다.
그 따뜻함을 이웃인 풍경에 그려 넣는다.

말과 풍경은 비로소 어우러진다.

나는 내가 사는 세상을 사랑하였다

*2024년 어느 봄밤, 으레 이맘때면 겨울이 떠나며 보내는
마지막 깊은 숨이 나를 감싼다.
삶을 보듬은 죽음, 죽음을 품은 삶이
내 가슴을 가득 채운다.*

이제 곧 세상을 떠날 때가 다가온다.
내 과거는 더 이상 쓰라리거나 고통스럽지도, 어둡지도
않다.
그렇다고 밝고 아름답거나 벅차지도 않다.
그저 지금 이 순간, 죽음을 완성해가는 동안 나는 무엇에
집중해야 할지, 깊은 호흡을 하며 골몰할 뿐이다.

지난주, 문수보살과 만주슈리의 만트라를 염주로 서너 바퀴
돌리던 때가 떠오른다. 그 만트라는 내 마음속에서 자연스레
엄마의 영정 사진을 불러냈다.
'옴아라빠짜나디'라는 말은 어느새 '옴마', 그리고 '엄마'로
발성되어 나를 감싼다. 엄마를 삼백 번도 넘게 부르자, 저
너머에서 엄마가 응답하는 듯했다.

20여 년 전, 엄마의 장례식 사진 속에서 그분은 푸짐하게
웃고 계셨다.

곧이어 다가오는 환상, 오버랩은 바로 내 영정 사진이다.
마치 구글 계정 프로필 사진처럼, 웃고 있는 내 모습이
엄마와 너무 닮아 있다.
내 눈가에 흐르는 눈물을 애써 붙들며 나는 그 눈물의
의미를 찾으려 했다.
그저 북받치는 감정일 뿐이라고, 그 순간에 머무르는 게
좋다고 생각하면서도 나는 직업병처럼 이 감정을 분석하고
이름 붙이려 했다.
바보 같은 마음이 들어 다시 그 눈물에 몸을 맡겼다.

나는 나의 생을 사랑하는가?
이 세상에 더 머물고 싶은가?
삶을 보듬은 죽음, 죽음을 품은 삶이 내 가슴을 가득 채운다.
깊은 숨결과 함께,
나는 이 모든 것을 받아들인다.

어젯밤에도 그랬다. 만트라와 염주는 금세 내려놓고,
그저 엄마, 엄마, 엄마를 부를 뿐이었다.
엄마는 깊은 곳에서 울음으로 응답하셨다.
나는 여기, 혼자서 무엇을 하고 있는가?
모든 것을 내려놓고 가족에게 돌아가 딸과 함께 살고
싶다고,
엄마, 엄마를 부르며 눈물을 흘렸다.

몇 분도 채 되지 않는 시간에 나는 진정되었고,
죽음의 침상으로 조용히 기어 들었다.
빨리 죽어야지.
매일 밤 우리가 잠드는 것은 죽음을 연습하는 것이라고,
어느 여중생의 깜찍한 말이 떠올랐다.

그리고 오늘 아침, 나는 다시 부활한다.
세상은 그래도 살 만한 곳이라고
곶자왈 숲의 여신은 나에게 속삭이고,
나는 그 숲 입구의 커피숍에서 며칠 간의 해프닝을 글쓰기로
쏟아내고 있다.

두려움도 사랑의 스펙트럼 안에 든다고 한다면,
나는 내가 사는 세상을 사랑하였고,
지금도 사랑하고 있다…고 할 수 있다.

그리고 내 육신이 흙과 물과 불과 바람으로 흩어질 때까지
그 사랑은 깊은 호흡과 함께 계속될 것이다.

번개

*'10분 글쓰기'(밴드)의 글감이 때로는 예언처럼 느껴진다.
이른 아침 '번개'라는 주제를 받고 보니, 제주 하늘이 정말
번개를 준비하고 있었다.
꿈에서 만난 오빠와 이 폭풍우 사이에서, 어떤 미묘한 결이
연결된다.*

지금 여기 제주의 날씨는 비바람이 세다.
출근길, 주차장과 본관 간 50m 내외의 거리를 우산을
받치고 걷기가 힘들 정도다. 우산이 뒤집어 진다.
본관으로 들어올 즈음 뒤에서 우르르 쾅~ 천둥이 친다. 저것
몇 초 전에는 번개가 번쩍였을 텐데 등지고 걷느라 놓쳤다.
아깝다. 오늘 글감이 '번개'이지 않는가.

내 방 책상 앞에 앉아 창밖을 바라보며 다음 번개를
기다린다. 벚나무가 어느새 저렇게 초록초록하고 이파리가
무성해졌나. 그 벚나무가지들이 빗방울을 맞으며 가끔씩
신나게 흔들어 댄다. 저 멀리 얕은 오름이 안개에 가려
자취를 감췄다.
재난 문자는 몇 분에 한번씩 계속 울려 대지만 난 이 날씨도
좋다.
제주 날씨, 변덕 중에서도 가라앉는 무거운 날씨.

가끔 죽은 이들이 꿈 속을 찾아올 때가 있다. 오늘 아침이
그랬다. 돌아가신 나의 두 살 터울 오빠가 꿈에 나타난
것이다.

그는 여전히 나와 함께 이것저것 할 일을 열심히 하고 갈
길을 이끌어 준다. 그러다가 잠시 피곤했는지 하던 운전을
멈추고 어떤 길가 숙소에 들어간다. 그리고는 소파에
드러눕는다. 난 오빠가 잠든 걸 확인하고 그냥 더 주무시게
내버려 둔다.

오빠는, 살아생전에도 가끔 내 꿈에 나타나 아니무스 역할을
톡톡히 해 주었다. 나를 도와주고 삶을 가이드 해주고…
그런데 새벽 꿈 속에서처럼, 죽어서도 그런 오빠가 오늘
아침은 그립다.
베란다에 닿는 빗소리도 한몫했겠지. 갑자기 센티해지는 이
마음을 잠시 바라보다가 우주 너머의 영혼의 연결을
떠올린다.
그래 우리는 같은 별 출신일지도 몰라.
태어나서부터 늘 내 곁에서 함께 놀고 함께 심부름하고…
고락을 함께 했었지.
조용하고 자상한 성격이었지만 노는 데에는 탁월히
창의적이었지.

여기에 이르자 내 얼굴엔 미소가 번졌고,
난 이것이 우리의 '번개팅'이었다고 위안한다.

나의 절을 받으소서 I

며칠 전, 마음이 힘들었다.
비가 와서 나가 뛰지도 못하고, 명상하자니 5분도 제대로
앉아 있지 못하겠을 때, 절기도만큼 강력한 것은 없다.
절을 올리는 동안의 마음의 기도는,
나를 다시 태어나게 한다.

방금, 30분 동안 절을 올렸다.
108배의 예를 드리며,
나의 고향 별, 본래의 근원을 떠올린다.
그리고 나는 예언한다.
오늘부터 나는 의연하게 살 것이다 -
작은 거인으로서.

그 생각이 그 단어가 내 안에 자리잡자,
나의 아버지가 떠오른다.
한때 나의 거인이셨던 아버지.
마지막 병든 서너 해 동안에도 여전히 거인이셨다.
조용히, 점잖게,
자신의 운명을 받아들이셨다.
어느 날은 불편한 몸을 이끌고 복어를 드시러 가셨다 -
죽음을 향한 유혹,

일종의 작별 연습이었을 것이다.
가끔은 엄마께 아이처럼 기대어
약한 모습을 보이셨지만,
다시 본연의 모습으로 돌아와
병자의 삶을 살아내셨다.
자식들을 살피시고,
어린 아들이 자신의 몸을 씻기는 것을 허락하셨다.
그 봉사를 기꺼이 받으시며,
떠나는 날까지 존엄을 잃지 않으셨다.

아버지여,
저의 절을 받으소서.
그저 살아 계셨다는 것,
병상에서 고통을 견디셨다는 것만으로도
존경과 숭배를 받을 만하오니
기꺼이 저의 절을 받으소서.

아버지, 당신은 당신 혼자만의 삶 뿐만 아니라,
당신의 원가족 및 조상의 얼과 더불어 살아오셨습니다.
그러므로 아버지,
당신의 어깨 뒤로 당신의 아버지가 계십니다[9].
아버지의 아버지여,
모두 저의 절을 받으소서.

---

[9] '가족세우기(Family Constellation)' 이론에서 조상은 단순한 과거가 아니라, 현재를 떠받치고 있는 존재적 기반이다. 헬링거에 따르면, 개인은 부모와 조상들의 삶과 고통, 사랑의 흐름을 통해 지금 여기에 존재하며, 이 흐름을 존중하는 것이 자기 자리를 회복하는 첫걸음이다.

저의 존경과 숭배를 받으소서.

아버지의 어머니,
그리고 북녘에 두고 온 아버지의 자녀들 -
나의 알지 못하는 형제자매들이여,
함께 저의 절을 받으소서.

나의 오빠여, 나의 언니여,
그리고 나 자신까지,
모두모두 나의 절을 받으소서.

이제 나는 더 이상 단 하나의 인간이 아니다.
나는 신이 되고, 우주 그 자체로 돌아간다.
나에게서 태어난 모든 존재들이여,
고통 속에서 몸부림치는 나의 자식들이여,
나의 절을 받으소서.

나는 우주의 중심에 있는 본질이다.
나로부터 뻗어나간 모든 것들 -
생명 있는 존재들, 무생물들,
우주의 가장 작은 먼지 한 점까지도,
모두 나의 경배를 받으라.

살아 있다는 것,
살아내고 있다는 것,
존재하려 애쓰고 있다는 것만으로도
너희들은 숭배받을 자격이 있다.
나의 절을 받으소서.

- 현재를 살아내기

시간의 조각들

*우리는 시간을 과거 현재 미래로 나누어 살지만,
때로 그 경계는 느슨해지고, 기억과 상상, 직감과 감응이
한자리에 모인다.
이 지점에서, 나는 시간을 다시 바라본다.*

i.

힘들고 고단했다고만 여겨왔던 과거를 다시 떠올려본다.
그러자 문득, 그 고통들이 '귀하다'는 마음으로 다가온다.
그것들은 대부분 감정적 고통이었고, 일반적으로는
두려움에 기반한 감정들로 분류될 수 있을 것이다.
이를테면 외로움, 쓸쓸함, 슬픔… 이런 것들.
어린 시절 제대로 돌봄받지 못했다는 느낌,
아버지의 이른 죽음으로 안전과 평온이 사라졌던 가정의
불안함,
내 삶은 오롯이 내가 개척하고 책임져야 한다는 고립감,
명치께가 아려와 저녁노을을 마주하기조차 어려웠던
노스텔지어,
앞날을 알 수 없음에서 비롯된 떨림,
아침에 눈을 뜰 때 땅속으로 꺼지는 듯한 무거움,

이러지도 저러지도 못하는 자포자기,
그리고, 사랑하는 이들의 아픔을 대신 짊어진 듯했던 통곡의
기도까지.

이 생에서 겪어낸 모든 감정의 고통들이, 오늘은 다르게
다가온다. 그토록 괴롭고 생생했던 감정들이, 지금은
'귀하다'고 느껴진다.

왜일까. 무엇이 귀한 걸까.
이런 감정적 고통을 통해 우리는 서로 연결될 수 있기
때문일까.
혹은, 그 바닥에서야 비로소 사랑과 평화, 지복 같은
고차원의 정서가 피어나는 것이기 때문일까.
아니면 이제는 그 아픔을 날 것 그대로 겪지 않아도 되는, 한
걸음 떨어져 바라볼 수 있는 내가 있어서일까.

이런 생각을 몇 개월 전에 글로 남긴 적이 있다.
그리고 오늘, 다시 그 글을 읽으며 내 안 깊숙이 가라앉아
있던 오래된 기억들이 떠오른다.
나는 그토록 가슴 저리던 아픔들을 어떻게 견뎌낸 걸까.
그러다 문득, 그 기억들 틈새에 숨어 있던 따뜻한 장면들이
하나 둘 스며 나온다.
예를 들어,
서너 살 무렵, 밥상머리에서 오빠와 마주 앉아 밥을 먹으며,
오빠를 따라 한다고 왼손잡이가 된 일.
너댓 살 즈음, 아버지가 병나시기 전의 섣달 그믐 밤, 잠들면
눈썹이 센다고 날 안고 졸지 않게 토닥이던 아버지의 품.
그는 자상하고 부드러운, 나의 거인이었다.

초등학교 시절, 아버지가 병나신 후에도 우리는 함께 따뜻한 저녁을 맞곤 했다. 다 함께 둘러앉아 만두를 빚던 저녁.
집을 나갔던 도사견이 며칠째 돌아오지 않았을 때,
나는 언니 품에 안겨 슬피 울었다.

이 기억들이 사실과 얼마나 정확히 맞닿아 있는지는 알 수 없다. 사건의 인과가 어긋나 있을 수도 있고, 내 감각이 가공해 낸 풍경일 수도 있다.
하지만 분명한 것이 하나 있다. 나는 비교적 똑똑했고, 귀여웠으며, 사람들을 기쁘게 하는 특별한 재주가 있었다는 것이다.
그 모든 과거, 고통과 따뜻함이 뒤엉켜 있던 그 시간이 지금은 귀하고, 아름답다.

과거는 이미 지나간 것이 아니라, 지금의 내가 다시 써 내려가는 또 하나의 현재이다.

ii.

언젠가, 나는 내가 분명히 기억하던 장면이 시간이 지남에 따라 조금씩 달라진다는 것을 알았다. 그때부터 나는 의심하기 시작했다. 이 세계는 선형으로 흐르지 않는 것이 아닐까.
우리가 알고 있는 시간은 하나의 설명 방식일 뿐이며, 우리의 의식은 그보다 훨씬 넓고 깊은 곳에 뿌리를 두고 있으니까.

어제는 과거로서 아직 끝나지 않았고, 내일은 미래로서 아직 오지 않은 게 아니다. 모든 시간은 지금 여기에 겹쳐진 채로 동시에 펼쳐지는 것이 아닐까. 우리가 '지금'이라고 부르는 이 순간은 하나의 점이 아니라, 겹겹이 쌓인 시간의 장(field)일 것이다. 여기에는 과거와 미래가 함께 숨쉬고 있다.

내가 느끼는 향수는 단지 기억이 아니라, 시간의 다른 층위에서 여전히 살아 있는 어떤 장면과의 감응일 수도 있다.

전생의 조각을 지금 여기로 데려올 수 있었던 것도, 시간의 선형적인 추출물이 아니다. 평행 현실의 또 다른 삶과 깊게 공명했기 때문이리라.

들려 올려진 람타[10]나 지구위의 성인들은, 그저 과거의 인물이 아니라, 지금 여기서 나와 감응하고 연결될 수 있는 에너지일지 모른다.

---

[10] 람타(Ramtha)는 미국의 채널러 제이지 나이트(J.Z. Knight)를 통해 전해지는 영적 존재로, 35,000 년 전 레무리아 대륙에서 살았던 전사 출신이며, 나중에는 죽지 않고 들려 올려졌다고 자신을 소개한다. 람타의 가르침에서는 "당신은 신이다", "미지의 것을 깨닫다", "의식과 에너지가 현실을 창조한다", "자신을 정복하라"는 네 가지 기초를 바탕으로 물질세계가 의식과 에너지에 의해 창조된 결과물이며, 인간의 본질적 목적은 자신의 한계를 극복하여 미지의 영역을 알아가는 것이라고 설명한다

만델라 효과[11]라 불리는 작은 균열은, 어쩌면 우리가 하나의 시간선에서 또 다른 시간선으로 의식적으로 혹은 무의식적으로 옮겨간 흔적일지 모른다. 그 움직임은 선택과 감정, 진동, 의식의 방향에 따라 이루어진다.

그렇다면 묻게 된다.
우리는 어제를 바꿀 수 있는가. 과거는 현재의 반영일 수도 있는가.

---

[11] 만델라 효과: 많은 사람들이 특정 사건이나 정보에 대해 실제 사실과 다른 집단적인 기억을 공유하는 현상을 말한다. 이는 개인적인 착오를 넘어, 다수의 사람들이 동일한 오기억을 하는 현상을 의미한다. 넬슨 만델라가 감옥에서 사망했다고 잘못 기억하는 사람들이 많았던 데에서 유래했다.

한계에 도전하기

i.

60세가 되고부터 새로운 삶을 살아야겠다고 확고히
마음먹었다. 그 때에 제일 먼저 한 일은 나의 옛 신념과
생각을 탐색하는 일, 그리고 그것을 깨는 일이었다.
그래서 남은 인생의 모토로 삼은 것은 한계에 도전하기이다.

지금까지 작성해오던 그 목록 중의 하나, 내 몸을 새롭게
꾸려나가기.
몇 년 전, '자세와 체형에 새겨진 기억, 감정을 해부하다'라는
부제를 단, 감정이 몸에 미치는 영향을 강조한 책[12]을 읽고
크게 감명받았다. 그 뒤로 나는 나의 흐물거리는 몸을
들여다보며 그에게 깊은 연민을 보냈다. 60년의 동행을
감사하면서도 나의 부주의함과 태만을 크고 길게 사죄했다.

그러자 내게 온 것은 '60세, 달리기 시작하기 딱 좋은
나이'라는 제목의 유튜브 동영상이다.
이것은 10년도 넘게 달려 하프마라톤에 출전하는 여자
동료를 한참 부러워한 후에 온 정보이다.

---

[12] 스탠리 켈러맨, 『감정해부학』, 군자출판사

부러워만 할 것이 아니라 한번 실천해보라는 삶의
메시지였다[13].

사실 우리는 '부러우면 지는 거야'라는 광고 카피에
사로잡혀 있다. 남의 도전과 성공을 보며 열등감으로 남과의
비교에 휘둘리고 또 그 감정을 은폐한다.
한동안 나는 그 부러움이라는 감정을 허용하고 마음에 품는
것을 스스로 실천해왔다. 부러움은 질투가 아니라 내 안에
숨겨진 가능성에 대한 신호인 것이다.
그것은 나를 앞으로 밀어주는 동력이 되고, 나 자신을 한계
밖으로 밀어낼 초대장이 될 수 있다. 그렇게 나는 부러움을
외면하지 않고, 그것을 내 삶을 바꾸는 힘으로 삼았다고나
할까.
그것이 결실을 맺는 순간, '부러우면… 이루어진다!!'
그래서 한 번 해보았다. 무릎이 아프다, 숨이 가쁘다, 폐와
심장이 안 좋은 가족력이 있다는 등의 옛 생각을 과감히
벗어버리는 데에는 용기가 필요했다.

그렇게 시작한 것이 슬로우 조깅이다.
1분 뛰고 1분 걷고, 5분 뛰고 5분 걷고…
그러던 어느 날, 나는 연속으로 20분을 뛰게 된다!!
서귀포 사계해변에서 저

---

[13] 24년 봄, 나의 일기는 이렇게 기록한다. '나의 젊은 여성 동료는 다음
주말, 제주에서 열리는 하프마라톤에 도전한다. 총 22km 라는데, 그게
얼마나 긴 거리인지, 또는 얼마나 힘든지 나는 잘 가늠하지 못한다. 그저
그녀가 부럽다. 젊은 것이 부럽고, 젊다고 누구나 할 수 있는 일은 아니니,
그동안 이어온 달리기의 습관이 부럽고, 그것을 해낼 수 있는 체력이
부럽고, 무엇보다도 그녀의 꾸준한 의지가 존경스럽다.'

멀리 형제섬을 바라보며 한발 한발 옮겨 놓는 발바닥 앞꿈치 느낌, 가벼우면서도 세지 않은 심장박동, 얼굴에 스치는 신선한 바람. 이 모든 걸 내 몸에 새겨 넣었다. 하루하루 활기를 갖는 내 몸과 마음이다.
그렇게 주 3-4회, 1년이 되어간다.

난 지금도 몸을 새롭게 꾸려나가기를 실험 중이다.
작심삼일을 작심삼년으로 바꾸어 남은 2여년을 더 도전해볼 생각이다.
그 과정은 지난하다면 지난하지만, 의외로 해볼 만한 측면도 있다. 내가 이걸 안 하면 이 시간에 뭐 다른 특별한 걸 하겠어라는 생각이 도움이 된다.

이렇게 어느 정도 기초체력을 다지면 그 다음엔 꿈이 온다나?! 남은 인생의 목표가 생기면 좋긴 하겠다. 좀 더 생동감 있게 좀 더 풍요로운 삶을 꾸려갈 테니.
그 과정에서 잔잔히 또는 크게 다가올 쾌락!

이제 인생 사사분기를 코앞에 두고
제법 유쾌한
쾌락주의자가 되어가는 중이다.

ii.

아침에 눈뜨자마자 침대에서 미소 짓기.
60년의 한 사이클을 마감하고 새로운 사이클이 시작되면서 생각하게 되었다.
새로운 사이클에는 세 가지 경우의 수가 있다. 그 사이클을 그대로 다시 돌거나, 아예 그 사이클을 뛰어넘거나, 아니면 그 중간, 즉 약하게 그 흐름을 따르는 것이다.

몇 해 전, 이런 통찰 이후로 나는 나를 변화시켜 그 사이클을 뛰어넘기로 결심했다. 몸과 마음, 그리고 정서, 세 가지 측면 모두에서.
그때부터 습관처럼, 아침에 눈을 뜨면 나의 생각과 정서를 점검하고, 몸 감각에 집중하기 시작했다. 당시 간절히 바라던 변화는 생각의 습, 즉 신념 체계를 바꾸는 일이었다. 페시미즘에서 옵티미즘으로.
염세적이고 회의적인 나의 오래된 생각의 패턴은 절망과 무기력을 불러오고 있었다. 그것은 감정에도 영향을 미쳐, 슬프고 비극적인 것에 정서적 우월감마저 느끼게 했다.
그런 정서는 곧 몸으로 이어져, 내 몸은 자주 처지고 약하고 흐느적거렸다.
물론 겉으로는 잘 포장했다. 열정적인 순간을 가끔 끼워 넣으며, 지지대에 꽂힌 허수아비처럼 나를 간신히 지탱하고 있었다.
한 사이클을 마감하고 나서야, 나는 이것이 나의 주요한 한 부분이었음을 깨닫게 된 것이다.
그래서 마음먹었다. 낙관적이고, 낙천적이고, 희망적으로 살자고.
그렇게 지내던 어느 날 아침, 문득 일기장에 기록했다.
묘한 기분, 절망, 쓸쓸함… 그런 것들이 사라져 감을 알아차린다. 언제부터였을까. 아마도 몇 달 된 듯하다 – 2023년 1월.

그리고 오늘(25년 봄)까지, 연습은 계속되었고 정서는 가벼워지고 있다.

가끔은 스멀스멀 옛 습이 기어 올라오기도 한다. 특히 지난해 12월 이후, 지금의 시국과 정세에 대해 일희일비하게 된다. 일비할 때면 비관과 절망이 다시 익숙하게 고개를 든다. 그럴 때면 나는 다시 나의 생각과 정서를 점검한다.
중.꺾.마. 중요한 것은 꺾이지 않는 마음.
그 심정으로 마음을 다잡는다.

이제 나의 남은 인생의 목표는 명확하다. 어떤 상황에서도, 낙관적이고, 낙천적이고, 희망적일 것.
그러면 곧, 그 목표를 뒷받침해 줄 정보들이 따라온다.
사람과 책과 영상이 온다.

이 모든 실천은, 아침에 눈을 떴을 때의 한 줌 미소에서 시작된다.

7 대 3 의 희망

한동안 나는 세상을 5 대 5 의 균형 속에서 바라보았다.
천국과 지옥, 빛과 그림자, 선과 악, 사랑과 두려움 등, 모든
것이 정확히 절반씩 존재한다고 믿었다.
균형이라는 이름 아래, 끝없이 반복되는 싸움과 갈등,
불화와 전쟁 - 그것이 인간 세상의 본질이라 여겼다. 그래서
마음은 점점 무거워지고, 희망은 멀어졌다.
승부조차 날 수 없는 이 세력 구도는, 나를 지치게 했다.
무엇을 해도 절반은 어둠 속으로 사라진다는 무력감이었다.

하지만 어느 순간, 나의 내면에서 변화가 일어났다.
10 여년의 그림자 작업을 하고 죽음을 마주한 후, 몸의
변화와 함께 정신의 각성이 시작되었다. 세상을 보는 시선을
바꾸어 보기로 결심한 것이다.
조금 더 낙관적으로, 따뜻하게, 희망을 품기로.

그러자 새로운 정보가 내게 다가왔다.
어느 날 본 유튜브 방송에서 한 박사가 말하길, 세상의 선과
빛의 에너지가 사실은 현재 7 대 3 으로 우세하다는 것이다.
오랜 세월 빛과 어둠이 서로 팽팽히 맞서며 공존하던 시대는

저물고, 이제는 그 빛의 비율이 계속 높아지고 있다고 했다. 나는 그 말을, 그렇게 이해했다.

그 숫자가 객관적 사실이든, 주관적 믿음이든 중요치 않았다. 내게는 마치 구원의 한 줄기 빛 같았으니까. 마치 오랫동안 나의 뱃속에 품은 희망의 씨앗이 움터오는 것 같았으니까.

6 대 4 만 되어도 저울은 기운다.
7 대 3 이라면, 이 싸움은 해볼 만하다. 나부터 내 그림자를 마주하고, 친절과 통합을 지향하며 살아간다면, 언젠가 이 비율은 8 대 2 로 기울 수 있지 않을까.

나의 저울은 이제 희망의 저울이다.
그림자에서 빛으로,
우울에서 기쁨으로,
두려움에서 사랑으로,
전쟁에서 평화로 조금씩 더 기우는.

빛과 실

실이 하나 있었다.
빛보다 얇고 마음보다 질긴 실.
그것은 언니의 목소리를 따라, 내 가슴 속까지 천천히 감겨 들어왔다.

우리는 눈에 보이지 않는 금빛 실로 연결되어 있다.

어제, 주말 아침 언니와의 긴 통화는 그 사실을 또 한 번 확인시켜주었다. 언니는 지금 인생의 어느 결산점에 서 있는 듯했다. 마치 고해성사를 하듯 자신의 과거를 나에게 털어놓는다.
어릴 적부터 고락을 함께 해온 나로서는, 그 말들에 깊이 공감하게 된다.

나는 일찌감치 마음을 다잡았지, 누구에게도 깔보이지 않겠다고. 그래서 공부도, 사회생활도, 자식들 교육도… 정말 열심히 살았어.
 그런데 그러다 보니, 나 자신을 몰아 붙였더라고.
 세상과 싸우고, 애들을 경쟁에 몰아넣고..
 이젠 알겠어. 나는 완악해졌어. 하나님께 회개하고 있어.

그리고 너한테도, 남은 유일한 가족인 너에게도 내 마음을
전하고 싶어.

그 말을 듣는 순간, 내 안에서 무언가 저려왔다. 마음
한구석이 먹먹하고 목이 막혔다. 아주 익숙한 감정이었다.
슬픔, 간절함, 절망. 아니, 어쩌면 '한'이라고 불러도 좋을 그
감정들.
이미 다 흘려 보냈다고 생각했던 그것들이 다시 나를
덮친다.

엄마와 아버지, 오빠의 기억이 언니의 목소리를 따라
돌아왔다.
그래, 우리는 금실로 연결되어 있을 뿐 아니라, 묶여 있구나.
한 덩어리가 되어 내 가슴에, 내 내장 깊숙이 똬리를 틀고
있구나.

이 슬픔이 내 것인지 언니의 것인지, 분간이 되지 않는다.
그러나 분명한 것은, 이것이 '아름답고 찬란하다'는 것이다.
 보물 같은 나의 기억,
 내가 인간임을 증명하는 상흔들,
 관계 속에서 피어 오른 아름다운 사랑의 몽글거림,
 그것이 정신체의 프리즘으로 통과된 빛의 향연.

전화를 끊고 멍하니 앉아 있다가, 엄마, 아버지를 마음으로
불러본다. 그 따뜻한 품, 어린 시절의 기억에 대한 그리움이
밀려온다.
그리고 곧 우주 저 너머,
오래전부터 그리워하던 나의 본래의 고향, 따스한 눈빛과
함께 나를 감싸던, 근원의 영.

향과 촛불을 켜고, 나만의 방식으로 의식을 연다.
얼마쯤 시간이 흘렀을까.
내면 깊은 곳에서 부드럽고 밝은 에너지가 올라온다.
항상 네 곁에 있다는 속삭임이다.

나의 아픔을 외면하지 말고 온전히 안아주기를,
그리고 언니에게 사랑을 전하기를.

나는 다시, 힘을 얻는다.
아마도 우리를 잇는 이 실은,
빛나는 '비단빛 청실'인가 보다.

다시 가부좌를 틀고 조용히 눈을 감는다.
그러면 어김없이 느껴진다.
이 모든 슬픔과 그리움마저 껴안아주는 어떤 따스한 응시.
나는 그분과 연결되어 있다.
빛나는 실로, 기억을 넘어서는 사랑으로.

내가 믿는 만큼

*런던 딸네집 여행을 앞두고 하나의 질문이 떠올랐다.
내 딸이 삶의 전환기에서 고민할 때, 나는 단순한 응원자를
넘어 그녀의 현실 변화에 실질적인 도움을 줄 수 있을까?
내 믿음이 나의 현실을 창조한다면, 내가 타인에 대해 품는
믿음 역시 그들의 현실에 영향을 미칠 수 있을까?*

이 질문은 영적인 삶을 실천하며 가족을 사랑하는 이들이
품는 오랜 화두이기도 하다.
우리 내면의 힘과 그 경계는 어디까지일까.

나의 의식은 공명의 장을 열 수 있다. 타인의 자유 의지나
영혼의 여정을 직접 바꿀 수는 없지만, 그와 공명하는
에너지장을 만들어낼 수는 있다. 딸이 일이 잘 풀리지
않는다고 투덜거릴 때, 나는 그 마음을 이해하고 껴안는다.
그러면서도 그녀 안에 있는 더 깊은 가능성을 꾸준히
바라보고 믿는다. 그 믿음이 어느 순간 그녀가 무의식적으로
공명할 수 있는 파장이 되지 않을까. 마치 어둠 속 작은
촛불이 방 전체의 공기를 바꾸고, 다른 촛불에 불을 옮겨
붙이는 것처럼 말이다.

내가 할 수 있는 또 다른 일은 새로운 가능성의 씨앗을
뿌리는 것이다. 그녀의 생각을 억지로 바꿀 수는 없지만,

다른 관점에 노출될 수 있는 환경을 만들 수는 있다.
지금이 전환점인 것 같아. 이럴 때 사람들은 보통 인생을
새로 짜더라.
그 일이 안 풀린 건, 어쩌면 널 더 잘 맞는 길로 이끌기 위한
흐름일 수도 있어.
이것은 조언이나 설득이 아니라, 현실을 새롭게 바라보는
시선의 공유다.

하지만 중요한 것은 렛팅고다. 그녀의 의식은 나보다 더
진화했으며, 내면의 힘이 깨어날 그녀만의 시간과 방식이
있다는 것을 안다. 그러므로 나는 지금, 걱정이 아니라
신뢰로 기도하고, 그 기도를 우주에 흘려 보낸다. 그리고
스스로에게 묻는다.
이 모든 관심이 진정 사랑인가.

무엇보다도 나는, 이런 화두의 동기를 생각한다.
이것이 내가 타인을 사랑하는 방식일까.
염려와 걱정이라는 명분 아래 나의 평안과 행복을
우선시하는 걸까.
나 스스로의 불안을 달래기 위한 것은 아닐까.
타인을 존중한다고 하면서도 그들의 인생에 어떤 식으로든
개입하는 것은 아닐까.

여행의 시작부터 난 수행의 기초를 되짚는다.
그것은 그냥 고요히 앉아
나와 우주를 만나는 것,
그리고 믿는 것,
흔들리는 질문들에 빛을 비추는 것.

- 죽음을 마주하며

죽음에 대한 꿈

*잠들면 나는, 나도 모르는 길 위에 서 있다. 낮에는
외면하거나 설명으로 눌러둔 마음의 문이, 밤이 되면 살며시
열리곤 한다.
때로 꿈은 너무도 직접적이라 눈을 돌릴 수 없게 만든다.
이 꿈은, 내가 죽음에 대해 생각하기 시작하던 시기에 내게
온 내면의 메시지이다. 어둠은 외면이 아니라 초대였고,
낯선 응시는 오래전부터 나를 기다리고 있었다.*

직장의 빌딩, 나의 사무실. 우리 부서 앞에서 청소하시는
여사님들이 조용히 바닥을 닦고 있다.
부서 팀장의 방 문을 조심스럽게 노크하고 들어가보니, 어떤
남선생이 벌거벗은 채 서 있고, 팀장은 아무렇지 않게
벌거벗고 앉아 있다. 나는 당황해서 그 방을 빠져나온다.
그러나 복도는 어둡고, 앞이 보이지 않는다. 어쩔 수 없이
다시 그 방으로 돌아가보니 다른 선생들이 바닥에 누워
휴식을 취하고 있다. 나는 멍하니 서 있다가, 그곳도
안전하지 않다는 생각이 들어 또다시 나온다.
이번엔 아예 건물 밖이다. 깜깜한 밤, 가로등 하나 켜져 있지
않은 어둠 속을 헤치고 앞으로 나아간다. 그런데 뒤에서
누군가 따라오는 듯한 기척이 있다.

나는 그냥 아무 집이나 골라, 낮은 담장을 넘어 초인종을
누른다. 배경은 영국 거리 같다. 몇 번을 눌러도 안에서는
대답이 없다.
그러다 저 뒤쪽, 희미한 불빛 너머로 낯선 실루엣 하나가
나를 주시하고 있는 것이 보인다. 으스스하다.

이 꿈은 약 4년 전, 코비드 19가 한창일 때 꾸었던 것이다.
그 시기, 나는 죽음에 대하여 본격적으로 골몰하기
시작했다. 정신 차리고 제대로 죽기 위하여, 죽음에 관한
자료들을 찾아 읽고, 죽음을 오래 묵상하다가 급기야
4주간의 템플스테이로 떠났다.
꿈 기록장에는 이렇게 적혀 있다.
Death space. 어둠, 불안, 공포, 도움 없음, 생기 없음.
그러나 나를 공격하진 않음. 숨어서 미행. 서로를 의식. 담장
너머 마주함.

나는 오래도록, 나의 삶 전반에 걸쳐 죽음과 친하다고
생각해 왔다. 그러나 막상 그이와 맞닥뜨리자, 공포가
밀려왔으리라.
꿈속에서 죽음은 나를 응시하고 있었고, 나는 도망치다가
결국 그 시선을 마주한다. 허공에서 우리의 시선이
마주친다. 아직은 낮은 철제 울타리가 나를 안전하게 감싸고
있다.

죽음을 묵상하던 시간들을 떠올린다. 템플스테이 동안, 나는
여러 날을 죽음을 곁에 두고 바라보았다.
이 몸은 흙과 물, 불, 바람으로 흩어질 것이다.
그 당연한 이치를 하루하루 명상하며, 몸의 소멸에 점점
익숙해졌다.

그 후로는 죽음 이후의 세계, 곧 존재의 근원과 영혼의
영원함을 오래 사유하게 되었다.
나는 끝이 아니다. 육체는 사라져도 존재는 계속된다.
그리운 곳에서 왔기에, 다시 돌아갈 곳도 있다면, 죽음은
소멸이 아니라 회귀일 것이다.

이제야 깨닫는다. 꿈 속 그 낯선 응시는 위협이 아니라
기다림이었다. 나에게 자신과 눈을 맞춰 주기를, 내가 그
응시를 두려움 없이 마주보기를 기다리는 –
오랜 배려!

죽음은 이렇게 말하고 있는 듯하다.
겁내지 말라. 나는 끝이 아니다. 존재는 계속된다. 너를
기억하라. 본향을 기억하고, 돌아갈 길을 준비하라.

그 꿈 이후로, 나는 더는 죽음을 힐끗 바라보기만 하는
그림자 같은 일로 덮어두지 않는다.
죽음은 내게 왔다가 돌아간 것이 아니라, 여전히 내 안에서
느릿하게 숨 쉬고 있다.

그이의 시선은 때로는 어머니 여신의 눈빛처럼 다정하고,
때로는 내가 잊고 지낸 나의 본래의 기억처럼 깊다.
그렇게 나는 또 다른 꿈들 속에서,
나를 오래 지켜봐 온 무의식과
더 깊고 오래된 기억, 집단적인 심상의 심연으로 천천히
들어가고 있다.

나의 절을 받으소서 II
   - 이태원 희생자들을 위한 기도

2022년 10월 29일 밤, 서울 이태원에서 믿기 어려운 참사가 일어났다. 많은 젊은 생명들이 거리에서 갑작스레 삶을 마감했고, 남겨진 우리는 그 사실조차 온전히 받아들이기 어려웠다.
나는 그 며칠 후부터 절을 올리기 시작했다. 그들을 위해서이었고, 나 자신을 위해서이기도 했다. 절이란 결국, 몸으로 올리는 가장 깊은 기도이기에.
며칠간, 몇 주간 계속 절을 올렸다.
그러던 어느 날, 나는 바르도의 가르침이 떠올랐다. 죽음과 환생 사이의 그 중간 지대. 떠나간 영혼들이 아직 자신의 상태를 인지하지 못한 채 머물러 있을지도 모른다는 그 가르침이, 그날의 얼굴들을 다시 떠오르게 했다.
지금 이 글은, 그 시절 나의 일기 중 하나이다. 나는 다시 그날의 마음으로 돌아가, 그들을 향해 다시 한 번 절을 올린다.

2022년 11월 9일 - 절을 하며

바르도의 가르침에 따르면, 이태원 희생자들은 세 단계의 바르도를 지나 다시 이 땅에 환생한다고 한다.

지금 이 즈음이면, 두 번째 바르도, 즉 분노의 신들과 평화의
신들을 마주하는 시기일 것이다. 그 모습들은 내면에 투사된
환영이라 하지만, 얼마나 두렵고 낯설까.
내가 꾼 꿈들, 내 안의 감각으로는 말한다.
그들 중 많은 이들이 아직 자신의 죽음을 받아들이지 못했을
것이다. 갑작스러운 이탈이었기에, 떠나야 할 줄 모르고, 제
길을 찾지 못하고 있을 것이다.

한 영적 치유자는 말했다.
그들은 2000년대에 태어난 크리스탈 아이들. 이번 생의
게임을 마무리하고, 다른 차원에서 또 다른 삶을 시작하는
것이다. 그러니 너무 슬퍼하지 말라고 떠나면서 그들은
속삭인다.
또 어떤 이는 참사 직후 조계사에서 기도하며, 관세음보살의
자비를 그곳에 보냈다.

이런저런 생각들이 오가고 마음이 흔들린다. 하지만 결국,
나는 아무 말 없이 절한다, 내가 할 수 있는 것을 한다.

   그대들이여, 나의 절을 받으소서.
   죽음을 통과하는 그대들의 용기를 존경하오.
   두려움, 고통, 끔찍함… 이것은 나의 투사만은
아닐 것이오.
   본의든, 타의든, 의식적이든 무의식적이든,
   운명이든 인재이든 –
   그대들은 자신의 삶을 마무리하고 계시오.

   죽음은 언제나 엄중하고,
   또한 찬란하오.

그대들 곁에는 동반자들이 있기에,
혼자가 아님이 나를 안도하게 하오.
나의 절을 받으소서.
나의 숭배를 받으소서.

그리고,
나는 조용히, 그러나 깊이,
이 고통의 시대를 감당할 수 있도록 힘을 구한다.

그대들이여,
다가올 고통을 이겨낼 내공을 주소서.
나에게 자비와 축복을 내려 주소서.
나에게도 그대들의 힘을 조금 나눠 주소서.

눈물이 흐른다.
떠나간 이들을 향한 경배와,
남겨진 이들을 위한 간청이
함께 흐른다.

딱 한 사람
　　- *좋아하는 사람*

좋아하는 사람들의 목록이 조금씩 달라지고 있다.

제주도에 온 지 어느덧 10년. 그 시간이 큰 이유일 것이다. 자주 만나지 않고 자주 연락하지 않으면, 좋아하던 사람도 그냥 지인으로 변해간다. 격리된 이 곳은 온라인 세상이 되어 조금 덜 해지긴 했지만 여전히 고립감이 드는 곳이다. 그러다 보니 여기 제주 안에서 새로운 사람을 만나고 가까이 지내게 된다. 난 그들이 좋다. 함께 저녁을 먹고 주말엔 함께 올레길을 걷고 아플 땐 과일이나 죽을 사들고 그들의 집을 방문한다. 그들도 나를 좋아한다. 힘든 게 있으면 와서 털어놓고 그리고 고맙다고 저녁을 산다. 직장에서 먹으라고 단 것들, 군것질할 것들도 사서 선물해 준다.
딱 여기까지가 내가 즐기고 감상할 수 있는 관계이다.

좋아함이란, 결국 함께 고요할 수 있는 사람을 찾는 일일지도 모르겠다. 말이 많지 않아도 괜찮고, 자주 보지 않아도 좋다. 마음이 편안해지는 사람, 곁에서 그저 조용히 숨 쉬는 사람. 그런 존재가 하나쯤 곁에 있다면, 살아가는 일도 죽음을 맞이하는 일도 덜 두려울 것이다.

내가 죽음을 완성하여 임종할 때가 되면 딱 한 사람이면 족하다. 나의 엄마의 임종 시 병실에서 나 혼자 있었던 것처럼, 그렇게 나의 딸이 나의 임종을 지켜주면 좋겠다. 내가 가장 좋아했던 사람에게 한 것처럼 내가 가장 좋아하는 사람이 그가 가장 좋아하는 사람, 즉 나에게 그렇게 해준다면 좋겠다.

그렇게 된다면 난 편안하고 고요하게 나의 마지막의 완성에 집중할 수 있을 것이다.

줄서기 - 몽환적 에세이

해질녘 스틱스 강가에는 이미 여러 사람이 웅성거리며 모여 있다.
한 막대기에 붙은 공지 사인이 말한다.
줄을 서시오, 두 줄로. 왼쪽은 '제대로 장례'를 치른 이들,
오른쪽은 그렇지 않은 이들.
사실 그들은 죽음 이후 저승으로 가기 위해, 그리스 신화 속
저승의 강 스틱스를 건너야 하는 사후의 그림자들이다.
스틱스 강은 이승과 저승을 가르는 경계의 강이며, 뱃사공
카론이 노를 저어 그림자들을 저편 세계로 건네 준다 한다.
많은 그림자들이 주섬주섬 줄을 서기 시작한다.
어떤 이는 이쪽 줄과 저쪽 줄을 왔다 갔다 하기도 한다. 나는
잠시 망설인다.
나의 유언대로, 그리고 현대 한국 문화 대부분이 그렇듯,
딸은 나를 화장해 뼛가루를 뿌렸다.
여기서 '제대로 된 장례'라 함은 시신을 수습해 예를 갖춰
땅에 묻는 것을 뜻한다는 것을 모르는 자가 없다.
그러나 나는 이리저리 옮겨 다니지 않는다.
올곧게 한쪽, 즉 왼쪽 줄에 굳건히 선다.
지금 시대가 어느 때인데. 몇 천 년이 지났으니 바뀐 문화와
관습쯤은 이제 고려해야 하지 않겠는가.
다른 그림자들은 흐느적거리거나 둘 셋이 겹쳐 있기도

하지만, 나는 두 발을 땅에 딛고 아랫배에 힘을 주며 가슴을
펴고 어깨를 내린 채 바른 자세를 유지한다. 여기 오기 전 몇
년간 심취해 있던 요가 덕분이다.
나는 왜 내가 이 배를 타야 하는지에 대한 인터뷰 질문의
답을 속으로 되뇌며 기다린다. 이 인터뷰는 삶과 죽음
사이의 문턱에서 스스로를 점검하는 잠깐 멈춤이다.

안개 자욱한 강 저 멀리서 마침내 배 같은 형체가 다가온다.
분명 카론이 모는 그 배일 것이다.
동시에 뒤쪽 육지에서 한 무리의 그림자가 경쾌한 누군가의
인도를 받으며 이쪽으로 다가온다. 그들은 슬퍼 보이지
않는다.
저 사람이 바로 헤르메스인가. 그는 밝고 쾌활하다.
어쩌다 나와 눈이 마주친 그는 나에게 오른쪽 눈을 감아
윙크를 보낸다. 나도 얼떨결에 오른쪽 눈을 감아 답 윙크를
보내지만, 그 의미를 나름 해석한다.
나는 카론의 검열을 잘 통과해 저 배에 오를 것이다.
찰나의 희망이 감도는 순간, 흰 수염을 길게 기른 노인
카론이 배 머리에 서 있다.
그러자 갑자기 와- 하는 소리와 함께 사람들이, 아니
그림자들이 뱃머리로 몰려든다. 줄은 무너지고 서로 먼저
배를 타려는 그림자들로 뒤엉킨다.

나는 저 배를 과연 탈 수 있을까?
그림자들을 뚫고 카론의 간택을 받을 수 있을까?
헤르메스는 나를 도와줄 수 있을까?
스틱스 강을 무사히 건너 저승 세계 하데스로 들어갈 수
있을까?

이것을 놓치면 또다시 100년을 기다려야 한다고, 그림자 누군가가 속삭이던 그 말이 계속 마음에 걸린다.

*줄 서기의 풍경 속에서, 나는 삶과 죽음 사이의 미묘한 경계와 그 너머의 세계를 생각한다. 줄에 선 그림자들처럼 우리도 각자의 방식으로 죽음을 준비하고 맞이한다.
그러니 이 줄서기는 단지 마지막 순간이 아니라, 지금 이 순간부터 준비가 시작된다는 생각도 든다.
내가 굳건히 선 왼쪽 줄처럼, 삶에서 어떻게 제대로 된 준비를 하는가는 결국 나의 묵상과 영혼에 달려 있다.
줄서기의 몽환적인 풍경을 뒤로하고 다시 현실로 돌아와 보니, 삶의 매 순간이 하나의 줄서기이고, 그 속에서 나만의 평정과 의지를 다잡는 일이야말로 진정한 연습임을 깨닫는다.*

들려 올려질 너에게

이 글은 달리기를 하며 떠올린 상상을 바탕으로, 한 숨에 써 내려간 10분 글쓰기이다.
몸과 마음이 가벼워지는 순간, 날아오르는 꿈을 꾸던 기억, 과거와 미래가 중첩된 지금 이 순간, 너는 이미 그 어딘가로 들려 올려지고 있을지도 모른다.

그러니까 너가 죽을 때, 아니 엄밀히 말해 지구를 떠날 때, 넌 들려 올려질 거라고?
뭐라고?
육신을 떠나 영혼이나 의식이 가는 게 아니라 너의 육신과 함께 다른 높은 차원으로 들어갈 거라고? 3만 5천년 전 고대의 영적 스승 람타[14]처럼? 그는 초탈했다고 책에는 나오던데 사실은 승천한 거라고? 그런 인물들이 이 인류사에는 꽤 있어왔다고?

그래서 넌 뭘 했는데, 그걸 위해서 무엇을 준비해 왔는데?
달리기를 하면서 너는 상상했었지. 이렇게 달리다가 약간 가벼워지면 좀더 가볍게 빨리 달리면 가능한 일이기도 하겠구나. 너가 거의 처음으로 하늘을 나는 꿈을 꿨던 게

---

[14] 각주 10 참조.

기억나. 어렸을 적 꾸는 낭떠러지에서 떨어지는 꿈이
아니라, 이카루스[15]처럼 큰 날개를 달고 하늘을 나는 꿈이
아니라, 그야말로 달리다가 점프해서 뛰어 오르는 꿈이었지.
그렇게 허공에서 발을 힘껏 내달려야 몸을 띄우고 앞으로
나아갈 수 있었지.
아 기억나, 너가 그 꿈을 꾸고 얼마나 기뻐하고
즐거워했는지. 아마도 상상에서 일어난 일이 현실에서
창조된다는 걸 굳게 믿는 어린애 같았어.

그것이 너의 남은 인생에서 최종적인 목표였니? 그러고 나면
어떻게 되는데? 너가 들려 올려져 다른 더 높은 차원으로
들어가면 어떻게 되는데?
넌 다시 여기 지구로 환생하고 싶지 않다고 했지. 좀
심심하달까, 지루하달까, 사람사는 게 거기서 거기라고 좀
더 새로운 걸 해봐야겠다고, 조심스레 말을 이어가는 너는
뭐랄까, 초탈을 말하면서도 깊은 곳에는 슬픔이 있음을 읽을
수 있었어.
그 슬픔 깊은 곳엔 오히려 더욱 가벼운 조밀한 공기주머니가
있는 것처럼, 마치 보물을 캐 올리려는 것처럼 넌 단호한
표정이었어.

그래서 너의 특별한 방법을 발견했니, 창조해냈니?
함께 할 누군가가 필요할 것 같다던 너의 웅얼거리던
혼잣말을 내가 들어버렸어. 그들은 보이지 않는 존재일 수도
있다고, 아님 신비한 동물이나 식물일 수도 있다고.

---

[15] 이카루스(Icarus)는 그리스 신화에서 다이달로스의 아들로, 아버지가
만든 밀랍 날개를 달고 감옥을 탈출하던 중 태양에 너무 가까이 날아올라
날개가 녹아 바다에 추락해 죽은 인물이다.

그런 너의 은밀한 프로젝트는 어느 정도 완수했니?
뭐라고?
완수할 때까지 성공할 때까지 살아 있으라고, 성공할 때까지 몇 번이고 시도해보라고,
누군가가 너에게 계속해서 속삭여왔다고?

3부 꿈과 환상

- 내가 꾼 꿈

거미
- *거미는 기나긴 여정을 거쳐 나를 깨우러 왔다*

어떤 꿈은, 해석에 7년이라는 시간이 걸린다.
나는 그 꿈을 분석하려 했고, 도망치려 했고, 현실에서
맞닥뜨리기도 했다.
결국, 나는 그 꿈을 살아내야 했다.
그리고 마침내, 그 의미를 말할 수 있게 되었다.

2018년, 가을 어느 날이었다.
그 새벽 나는 이상한 꿈에서 깨어났다. 시간은 다섯 시 즈음.
방은 아직 어두웠고, 꿈의 흔적은 생생했다.

나는 꿈에서 남편과 함께 어떤 공간, 집인지 사무실인지
모호한 곳에 있다. 우리는 벌레약을 뿌리고 잠시 나와있다.
잠시 후 내가 혼자 그 공간에 다시 들어가 보니, 사방에
바퀴벌레들이 죽어 나뒹굴고 있다. 큼직하고, 검붉은,
꿈에서조차 생생했던 벌레들. 그러나 그 중 하나는 무언가
다르다.
냉장고 밑에서 한 마리가 슬금슬금 기어 나온다.
바퀴벌레라기보다 괴물 거미에 가깝다[16]. 등에는 알이
수북히 덮여 있고, 방 귀퉁이로 다가가 벽을 타며 천천히
움직이고 있다. 본능적으로 '이건 안 된다'고 느낀다. 약도

---

[16] 나중에 찾아보니 '게거미(crab spider)'와 비슷하게 생긴 형체였다.

없고, 그저 가까이에 있던 볼품없는 파리채 하나가 눈에 띈다. 그것으로는 절대 상대가 안 되는 존재이다. 그럼에도 불구하고 나는 그 파리채를 들고 다가간다.
그리고 그 순간, 그 거대한 벌레는 '분열'한다. 자체 분열이다. 수많은 작은 벌레들이 알을 등에 지고 사방으로 흩어진다. 나는 공포에 휩싸여 그 사이를 헤매었고, 결국 그렇게 꿈은 끝났다.

눈을 떴을 때, 온몸이 차가웠다. 심장이 빨리 뛰고 있었고, 머릿속엔 오직 한 생각뿐이었다.
이건 그냥 꿈이 아니야.

그날 이후 한동안, 나는 거미에 관련된 글을 읽고, 꿈 해석에 관한 책을 들추고, 심지어 커뮤니티에도 질문을 올려보았다. 그러다 결국, 서울까지 갔다. 전문가에게 분석을 받아보기 위해.

그곳에서 받은 긴 세션은 나쁘진 않았지만, 마음 깊은 곳에선 '와닿지 않는다'는 느낌이 남았다. 분석은 있었지만, 그것이 내 이야기라는 감각은 없었다. '아하 모먼트'가 없었다.
나는 그 꿈의 해답을 '밖'에서 구하려 했지만, 그 어디에도 진짜 문은 열려 있지 않았다.

그로부터 3년이 지난 2021년 여름이었다.
새로 이사한 아파트에서 살기 시작한 지 며칠 되지 않았을 무렵, 장마철이었고 날씨는 축축했다.
어느 날 함께 있던 딸이 소리쳤다.
엄마! 여기 거미 있어!

거실과 큰방 사이 문턱 즈음, 검은 큰 거미가 있었다.
나는 화들짝 놀라 에프킬라를 들고 뿌렸고, 티슈각에서
어거지로 끄집어 낸 뭉툭한 티슈를 잔뜩 감아 잡았다.
온몸에 소름이 돋았다. 그리고 바로 그 순간 -
그 거미의 이미지가, 그때 그 꿈의 괴물 거미와 똑같다는 걸
떠올렸다.

정말 그랬다. 형태, 움직임, 존재감. 꿈은 다시 현실로 돌아온
것이었다.
그날, 나는 알아차렸다.
이건 끝난 게 아니었구나.

얼마 후, 나는 그 거미와 대화하는 스토리를 쓰기 시작했다.
무언가가 마음 안에서 꿈틀거리고 있었고, 그 괴물 같은
존재를 '이야기'로 옮기고 싶은 마음이 들었다. 그건 단순한
창작이 아니라, 나의 무의식을 해석하고, 의미를 부여하는
의식 작업에 가까웠다.
하지만 그 시도는 오래 가지 못했다. 그때의 나는 아직 그
존재를 온전히 품을 수 없었던 것이다.

그리고 다시 몇 년이 흘렀다.
2024년 1월. 나는 그 꿈을 다시 들여다보게 되었다. 책을
읽다가 '지주녀 Spider Woman'[17]라는 개념과 맞닥뜨린

---

[17] 미국 남서부지역의 인디언 종족인 나바호족의 민담에 등장하는 인물로, 지하에 사는 거미노파이다. 나바호족 민담에서 인정많은 보호자 역할을 맡은 인물, 즉 영웅의 여정의 분리/출발에서 초자연적인 조력자로 등장한다. 그녀는 무섭고 기이하게 생겨 아버지인 태양의 집을 찾아 떠나는 쌍둥이 군신에게 처음엔 두려움을 주었으나, 결국 그들에게 쉼과 힘을 주며 앞으로의 여정을 예견해주고 그들을 지켜줄 호부와 주문도 가르쳐 준다. 조지프 캠벨, 『천의 얼굴을 가진 영웅』, 88쪽.

것이다. 꿈속의 거미는 이제 더 이상 괴물이 아니다. 그
거미는 '거미 노파', 지하에 사는 조력자, 나의 무의식이 보낸
수호자였다. 그녀는 내게 위험을 예고하고, 여정의 시작을
알리려 왔던 것이다.
또한 등에 알을 지고 있다는 것은, 마치 피파개구리[18]처럼,
자신의 등을 내어 다음 세대의 생명을 품고 있다는
의미이다. 그것은 어미의 의식, 보이지 않는 자궁, 깨어나지
않은 창조물의 안식처이다.

그 당시, 나의 꿈일지는 이렇게 기록한다.
큰 거미, 자체 분열.. 아마도 내 안에 갖고 있는
거미노파로서의 본성, 조력자 및 예언가로서의 본성을 다른
사람들에게 나눠준다. 나의 등에 안전하게 보호된 다음
세대의 생명의 씨앗을, 하나씩 하나씩… 그것들은 분양 받은
그 사람 내면에서 다시 알을 까고 재탄생한다. 와우!!

그 분열되어 옮겨갈 알들은, 내가 품은 이야기들일테다.
나는 그 알을 다른 이에게 나누는 사람이 된다.
글로, 말로, 이야기로.

---

[18] 또는 수리남두꺼비라고도 불리는 이 개구리는, 아마존 테푸이섬을
비롯한 아마존 유역에 서식한다. 피파개구리는 알을 낳은 뒤, 암컷의 등
피부가 두꺼워지며 알을 덮고 보호하는 독특한 번식 방식을 갖고 있다. 알은
어미의 피부 속에서 약 3~4개월간 자라며, 부화한 새끼들은 마침내 어미의
등을 뚫고 세상 밖으로 나온다. 이러한 방식은 마치 포유류의 보호 본능에
가까운 진화적 전략으로 해석된다. 등에 알을 지는 이유는 열대우림이라는
가혹한 환경 속에서 알을 포식자와 기후 변화로부터 안전하게 지키고,
부화율을 높이기 위해 어미가 자신의 등을 하나의 '부화실'로 내어주는
방식이다.

그때의 꿈은 아직 끝나지 않았다.
그건 지금도 자라고 있다.
내가 쓰는 이야기 속에서 누군가의 마음에서, 또 다른 형태로 부화할 것이다.

그 거미는 나를 깨우기 위해 먼 길을 돌아온 것이다.

호랑이 두 마리

어떤 비전은 전혀 새로운 것이 아니다.
그것은 시간 너머 다시 돌아온다, 꿈 속에서, 묵상 속에서.
우리가 기다리고 있다는 것조차 몰랐던 것을 완성하러.
이 이야기도 그런 만남이다.
호랑이 두 마리.
36년을 사이에 두고 찾아온 두 순간.
하나의 기억, 하나의 영혼.

어제, 나는 크리스탈 싱잉볼 세션을 가졌다. 그리고 오래된 비전.

연꽃 모양의 촛불들이 부드럽게 방 안을 밝히고, 향긋한 연꽃차가 조심스레 건네지고,
은은하게 피워진 향이 공간을 채우며 마치 기억처럼 천천히 피어난다.
그곳은 성소 같기도 하고, 오래된 기억 같기도 하다.

그 공간 속에, 나이든 호랑이가 다시 나타난다.
평소처럼 엎드려 있다.
앞발을 뻗고 온몸을 편안하게 조용히, 앞을 깊이 응시하고 있다.

그러다가
차원을 가로질러 젊은 호랑이가 다가온다.
성급하지도 사납지도 않게, 그냥 도착한다. 마치 오래된
실을 따라 집으로 돌아온 듯.

나이든 호랑이는 천천히 몸을 일으키고, 둘은 눈이
마주친다. 말없이 잠시 응시한다.
곧 그들은 얼굴을 비비고, 어깨를 부드럽게 맞대며
조용히 몸으로 애무한다.
마치 엄마와 딸 같기도 하고, 할머니와 손녀 같기도 하다.
아니, 어쩌면 같은 영혼의 두 모습이 시간 너머 서로를 다시
만난 순간일지도.

그리고 나는 알아차린다.
이 둘을 예전에 본 적이 있다.
젊은 호랑이 – 36년 전, 내 딸의 태몽,
내 품에 안겨 있던 고양이가 점점 커지더니
호랑이가 되어 내 품을 뛰쳐나갔던.
그리고 며칠 전 꿈 – 이 나이든 호랑이,
현실과 비현실 사이를 흔들리는 전파를 타고
깜박이며 모습을 드러냈던.

이 둘은 결코 떨어져 있지 않았나. 정말로 한 번도.
한 마리는 새 생명을 데려왔고,
다른 하나는 오래된 기억을 간직하고 있었나.

그리고 나는, 그 둘 사이에 있는 목격자.
귀환을 기억하고, 축하하는.

펭귄

2025년 어린이날과 오늘 어버이날 사이, 엊그제 찾아온 꿈은, 스토리가 다이나믹하고 전개가 빨랐다.
그러나 오래도록 남아 있던, 꿈 속의 부분 이미지, 이것은 나에게 어떤 메시지를 주려는가.

도시 속 공터, 사람들이 모여 있다.
까만 정장을 입은 사람들이 한쪽으로 밀려 언덕을 오른다.
자세히 보니 그 무리 앞쪽은 펭귄 무리들이다. 뒤에 주변의 사람들은 이 광경을 폰으로 사진 찍고 있다.
한편, 내 옆의 작은 웅덩이 속 작고 까만 정체들, 자세히 들여다 보니 그들 역시 펭귄이다. 물속에서 자신을 숨기려는 듯 허우적 거리고 있다. 나는 그들을 찍으려고 폰을 들이댄다.

꿈에서 깨자, 이 꿈은 나 개인 것만이 아닌, 오늘날의 한국적 사회 상황을 반영하고 있다는 것을 단번에 알아차린다.
까만 정장을 입은 무리들은 이 사회를 보호하려는가, 아니면 그들의 이익에 반하는 이들을 박해하려는가.

펭귄은 두 세계의 균형, 즉 바다와 땅, 흑색과 백색의 밸런스를 대표하기도 하지만, 느닷없이 도시에 나타난 취약하고 순수한 영혼을 대표하기도 한다. 그들은 눈에 띄지 않는 고대의 영혼의 씨앗으로서, 우리 가운데, 물웅덩이에 거주하기도 한다.
주변의 사람들이 폰으로 사진을 찍는 것은 단순히 호기심과 기록만이 목적이 아니다. 한국적 상황에서의 이것은 권위와 억압에 항거하는 평화적 시위의 한 형태라고 보여진다.

그 후 난 온라인에서 좀 더 찾아보고 급기야는 펭귄의 비밀이라는 다큐멘터리를 시청했다. 남극 뿐만 아니라 아프리카 대륙과 남미 대륙에, 심지어 적도 부근의 갈라파고스 지역에까지 서식하고 있는 펭귄은, 도전을 좋아하고 거친 환경을 극복하며 팀워크로 사냥하고 그것을 다음 세대에 물려주는 지혜를 겸비하고 있음을 알게 되었다.

아직도 이 꿈은 내게 완전히 이해되진 않는다.
우리 공동체 내에 곳곳에 흩어져 있는 순수하고 지혜로운 영혼들, 도전과 협동으로 미래를 준비하는 사람들, 그러나 힘없고 취약한 이들. 나는 그들을 기록하려고만 하는가(내가 꺼내든 폰).
소외되고 나약한 이들을 핍박하는 무리를 우리는 관찰하고 기록하고 공유하는 것 외에 무엇을 더 할 수 있는가.
당분간 나는 이 꿈을 마음에 품어야겠다.

검은 물소

나는 지금 내 영혼의 여정과 그 과정에서 마주한 내면의 깊은 변형에 대해 생각한다.
그 여정은 여행을 떠나오기 며칠 전 꾼 꿈 속에서 강과 검은 물소, 그리고 어떤 질문으로 내게 다가왔다.

남편이 어젯밤 꿈에 나타났다. 그는 나의 동반자로서 강을 건너는 여정을 함께 시작했지만, 어느 순간 장면에서 사라졌다.

남편과 나는 거대한 검은 물소를 데리고 강을 건너야 한다. 그 물소의 머리에는 작은 뿔이 달려있다. 전문가의 도움을 받아, 물소만 탈 수 있을 만큼 깊은 나룻배를 구했고, 물소는 그 배에 올랐다. 배는 거의 물에 잠길 듯 낮게 가라앉았지만, 버틴다. 우리는 다른 작은 나룻배에 올라 앞에서 물소의 배를 이끈다.
강물은 잔잔했고, 우리는 무사히 강 건너편 작은 섬에 닿았다.
그곳에는 마치 박람회 같은 행사가 열리고 있다. 물소를 나무 가지에 묶어두고 행사장으로 향하려는데, 걱정이 밀려온다.
(그 사이 남편은 사라지고 없다.)

쟤가 하루 종일 잘 묶여 있을까? 혼자 괜찮을까?
또한 돌아갈 계획이 전혀 없다는 것도 갑자기 알게 된다.
그래서 물소를 다시 풀어 끌고, 더 안전한 곳을 찾아 나선다.
둘러보니, 야외 식탁 벤치가 무리지어 있는 조용한 공간이
보인다. 그 중 구석진 벤치에 앉으려는데, 옆자리에 어떤
사람과 핑크색 옷을 입은 어린 작은 물소, 그리고 먹을 것이
든 가방이 나타난다.
그러자, 내 물소가 갑자기 흥분하기 시작한다. 음식 냄새
때문인지, 어린 물소 때문인지 알 수가 없다.
내가 진정시키려 하자, 검은 물소는 내게 돌아서 앞발을 내
어깨에 올리고, 거칠고 큰 혀로 내 얼굴을 핥는다, 마치
강아지처럼.
이 녀석이 배가 고픈 걸까, 아니면 나를 사랑하는 걸까?
그 질문이 오래도록 마음에 남았다.

그리고 나는 깨어났다. 아직도 그의 두툼한 혀가 내 얼굴을
스치는 듯한 느낌이 생생하다.

이 꿈은 나의 깊은 내면과 영혼의 여정을 상징한다.
검은 물소는 내 영혼의 힘과 책임, 그리고 고대부터 이어진
직관의 상징이다.
강을 건넌다는 것은 내면의 변형과 전이를 의미한다.
전문가와 나룻배는 신성한 안내자를 나타낸다.
남편은 모험을 함께 시작하는 친구이지만, 뒤에서 사라져
나의 독립과 의지를 추동한다.
물소를 나무에 묶어 둔 것은 외부 세계에 정신이 팔려 내
영혼을 잠시 방치했던 상태일 것이다.
핑크색 옷을 입은 어린 물소는, 아마 나의 딸의 영혼일지도
모른다.

그리고 물소가 내 얼굴을 핥는 것은 영혼이 나를 사랑하며
다시 돌봄과 재연결을 요구하는 신호이다.

이쯤에서 내게 메시지가 분명해진다. 몇달 전부터 박차를
가했던 영적 여정, 그것이 어느 순간 잠시 뜸해진 것 같다. 난
다시 돌아와 그 여정을 계속해야 한다. 이제는 나만의
방식으로 내 안의 물소를 다시 돌보아야 할 때인 것이다.
그 두툼한 혀의 접촉을 기억하며.

이 꿈은 내게 다가온 변형 여정의 절정이다.
그 무겁고도 신비로운 문턱을 넘어, 내 안의 검은 물소와
함께 천천히 새로운 세계로 나아가는 순간인 것이다.
두툼한 혀가 내 얼굴을 핥던 그 거칠면서도 부드러운
접촉은, 두려움과 불확실성 속에서도 영혼과의 사랑과
신뢰가 깊어져 가고 있음을 알려준다.

변형은 멈춤과 재연결, 그리고 사랑으로 완성된다는 것을
다시금 깨닫는다.
그리고 여기,
런던의 딸네 집에서 그 변형은 개인을 넘어 가족공동체로
확장된다.

우리의 꿈

꿈을 서로 나누는 일은, 삶이 선물해주는 놀라운 기쁨 중 하나다. 우리는 잠든 사이에도 무엇인가를 경험하고, 그것을 나눈다는 건 곧 우리 내면의 여행기를 함께 펼쳐보는 일이다.
꿈을 나눌 수 있는 동료가 있다는 건 큰 행운이다. 해몽이나 분석을 떠나, 그저 듣고 웃고, 함께 놀라고, 감탄하는 시간 자체가 서로의 의식을 비추고, 의식의 지도를 함께 그려 나가는 경험이 된다.
특히 반복적으로 꿈을 나누다 보면, 그 사람의 의식이 어떻게 움직이고 확장되고 때로는 후퇴하는지까지, 조금씩 감지할 수 있다.
그것은 곧 '내면의 발달사'를 지켜보는 일이다. 심리적 성장과 영적 통합의 여정을, 은유와 상징의 언어로 나누는 은밀하고도 정직한 대화인 것이다.
그렇기에 어떤 꿈은 한 사람만의 것이 아니라, 우리 모두의 것이 된다.

오늘 아침, 동료 선생은 어젯밤의 꿈을 전해왔다.

내 교실에서 난 한 아이를 가르치는데, 그 아이는 이미 죽은 영혼이다. 자살했다고 한다. 너처럼 귀신이 된 또 다른 아이가 있냐고 물어보니, 하나 더 있다고 한다. 이렇게 죽은 자를 가르치는 사람은 나밖에 없다며 우쭐한다. 그 아이는 자신의 살아생전 소셜 미디어 계정을 살펴보고 싶다고 해서 난 자리를 피해준다.
자리를 피해 교실 밖으로 나온 나에게 누군가가 새로운 학습도구라며 하늘을 나는 스카이콩콩 같은 것을 소개했다. 그걸 타고 3층 높이까지 뚫려 있는 홀에서 연습한다. 처음엔 잘 안되다가 점점 올라가기 시작하더니, 마침내 유리로 된 3층 천장에 닿는다. 정말 기분이 좋다. 팀장에게 보고하니 깜짝 놀라는 눈치다. 자신은 시도해보았지만 안되었단다. 그래서 난 또 우쭐한다.
마지막으로 화장실에서 손을 씻고 나오다가, 복도에 쪼그리고 앉아서 서류를 정리하느라 바쁜 어떤 이를 지나쳤다. 서류 정리 속도는 매우 빨랐다.
생각해보니, 그는 손이 여러 개인 외계인이었던 것 같다.

나는 이 꿈의 전개를 따라가며 감탄을 금할 수 없었다. 내면의 통합이 일어난 지가 엊그제 같은데, 벌써 이렇게 의식이 확장되는가.

죽은 자를 가르치는 장면에서는 한강의 『소년이 온다』 챕터 2 〈검은 숨〉이 떠올랐다. 유령이 된 정대, 그는 저승으로 떠나지 못하고 산 자들과 죽은 자들 사이에서 못다한 사랑을 자신만의 방식으로 재현하고 있다.
하늘을 나는 장면에서는 내 오래된 꿈, 달리다가 하늘을 날게 된 멋진 꿈이 생각났다. 지속된 연습 끝에 하늘을 날아올랐던 그 순간의 환희, 아직은 능숙하지 않아 가능성만 보여 준 소중한 내 꿈이다.
마지막 외계인의 장면. 이제는 부럽기까지 하다.

산 자에서 죽은 자의 세계로의 확장,
중력을 거스르는 도약,
그리고 현실에 침투해 있는 외계 존재의 감지.

이것은 한 개인의 꿈에 머무르지 않는다.
기술의 혁신과 우주 탐험처럼 시간과 공간을 뛰어넘는
상상력의 시대 속에서, 이 귀한 꿈은 우리 모두가 공유하는
집단 무의식의 깊고 넓은 차원을 울리고 있다.

선생님, 이건 단지 한 사람의 꿈이 아닙니다.
이것은 우리의 꿈이에요!!

- 무의식의 언어

차원의 틈새
 - *명상 중 떠오른 비전들과 감정의 공명*

*이 글은 10여 년 전과 3년 전, 각기 다른 시기와
밀도로 찾아온 명상 비전의 기록이다.
나는 그것이 전생인지, 우주의 기억인지, 내 감정의
농축된 상징인지 분간하지 못하지만, 그 순간의
통증과 울림은 지금도 나를 흔든다.
시간은 달랐고 감각의 결도 다르지만, 그것들은 모두
'차원'의 틈 사이로 흘러든 빛 같은 것이었다.*

- 10년 전, 한 생의 고통이 파도처럼 밀려오던 명상

10년 전이었을 것이다. K는 명상에 빠져 하루 한 시간씩 고요히 앉아 있곤 했다.

비전 i.

명상 중 선명한 환상을 본다. 시대는 조선인 듯하고, 장소는 전쟁터이다.

한 젊은 여인이 죽어간다. 주변은 아수라장이다.
부락이 침범당해, 여기저기 불길이 치솟고 부녀자들과 마을 사람들은 비명을 지르며 도망친다.
침략자들은 마구 찌르고 약탈한다.
흰 한복, 평민의 옷을 입은 젊은 여인이 마침내 쓰러진다.
피를 흘리며 죽어간다.
그러나 그녀는 이대로 죽을 수 없다.
등 뒤에 업힌 갓난아기는 어찌한단 말인가.

이 대목에서 명상 중이던 K는 마구 운다. 통곡한다.
왜 이런 이미지가 내게 오는가, 생각할 틈도 없이 엉엉 운다.
K는 환상 속 젊은 여인이 되어 그이의 슬픔과 원통함을 고스란히 떠안는다.

젊은 여인은 결국 숨을 거두었다. 한참을 지나 울음이 잦아들 무렵, 환상은 계속된다.
회색 장삼을 입고 오렌지빛 가사를 두른 건장한 승려가 다가온다. 지팡이를 짚고, 업혀 있던 아기를 조심스레 안아간다.
그 장면을 보고서, 다시 뜨거운 눈물을 쏟는다.

젊은 여인은 아기가 구출되는 장면을 보지 못한 채 죽었다.
그이의 슬픔과 한은, 다음 생으로, 혹은 옆의 생으로 옮겨졌을지도 모른다.
K는 자신이 왜 그토록 쉽게 비탄에 감응하고, 나락에 빠지는지 평생 의아했다.
이 환상을 통해 퍼즐 조각 하나를 찾은 듯했고,
아이러니하게도 그것은 K를 기쁘게 했다.

비전 ii.

첫 번째 환상 후 한 달이 지나 다시 찾아온 비전.

또 다른 전쟁터다. 이번엔 정적 속의 참혹함이다. 병사들의 시체가 여기저기 널브러져 있고, 먼지와 어두운 기운이 가라앉는다.
그때, 늦게 도착한 한 장군. 이순신 동상처럼 갑옷을 입은 그는 망연자실한 표정이다.
다 죽었다.
곧이어 그 장군은 두 팔 벌려 꼿꼿이 선 채로 하늘을 향해 울부짖는다, 비통으로 절규한다.
으으으으…

이 대목에서 명상 중 K 도 함께 통곡한다. 온몸에 전류가 흐르는지 감전된 듯하다. 굳은 어깨 위로 고개를 들어 천장을 향한다. 명치께가 아프다.
소금 친 날것의 심장, 그 아린 느낌.
으으…
울음이 가라앉을 즈음, K 는 이것이 잃어버린 두 번째 퍼즐임을 깨닫는다.

비선형적 기억과 비전이 겹쳐진 자리; 그 생생함의 여운이 계속되었다.
그것은 나의 감정의 오래된 뿌리이자, 감정이 나를 통해 해방되고자 한 어떤 장면이었다.
또는, 그것은 다른 차원에서 울려온 감정의 공명이며, 지금 이 현실까지 스며든 평행의 진동이었다.

- 3년 전, 하루 사이로 찾아온 찰나의 공명

나만의 고요함이 필요할 때, 난 어김없이 가부좌를
틀고 앉아 있곤 한다.
다음은 3-4년 전, 명상 시 보았던 비전에 대한
기록이다. 내면의 감정이 투영된 무의식, 그때 느껴진
정서, 고통, 깊은 연민은 생생했고, 차원을 넘어 나를
건드리는 듯한 진동이었다. 그것은 내 안의 과거이자,
지금 이 순간에도 이어지는 인류의 기억이었다.

비전 iii.
- *돌로 된 성, 고단한 귀환*

중세의 어느 성곽. 돌로 된 길과 성벽 사이로 한 무리의
남정네들이 들어온다. 전쟁터에서 돌아온 자들인 듯하다.
성문 안 마을 사람들, 아낙네들은 박수를 치고, 환호하며
맞이한다.
앳된 소년부터 중년까지, 다양한 남자들이 무표정한 얼굴로
걷는다. 그 표정엔 승리의 기쁨보다 고단함과 무심함이 서려
있다. 몸은 돌아왔지만, 마음은 아직 전장에 남아있다.

그 순간, 명상 중이던 나는 이상한 슬픔에 휩싸였다.
이들이 내 전생일까?
아니면, 인류의 아픔에 내가 공명한 것일까?
정확한 정체는 중요치 않았다.
그 고단한 에너지가, 시대를 초월해 나를 적셨다. 나는
속으로 중얼거렸다.

과거의 고단한 인생들,
지금 이 순간을 버티는 고단한 이들,
그리고 아직 오지 않은 미래의 고단한 생들까지.
지치고 고단한 인생들이여, 다 모여라.
우리 함께 가슴치며 울자꾸나.
울어제끼자꾸나,
꺼이꺼이.

비전 iv.
- *사막의 청년 수행자*

다음날 명상 중, 또 하나의 장면이 떠오른다.

끝없이 펼쳐진 사막, 그리고 그 위를 걷는 한 청년.
그는 여성적인 곡선의 얼굴을 가졌으나, 확실히 남자였다.
짙은 눈썹, 구릿빛 피부, 연한 황토빛의 중동 전통 의상.
그는 왕자이자 수행자처럼 보였다.
고요한 석양 속에 말없이 멈춰 서서, 태양이 사막 모래 위에
그려내는 황금빛 결을 바라본다.
그 순간, 시간은 정지된다.
말로는 표현할 수 없는 고요한 경건함,
찰나의 아름다움.

그 이후, 그는 사라졌다.
죽었는지, 다시 걸었는지 알 수 없다.
그러나 그 정지된 순간만은
영원처럼 내 마음에 각인되었다.

그것은 현실이 아니었지만,
이보다 더 현실 같았던 '차원의 틈'이었다.

그것이 전생이든 특정 인류의 기억이든, 중요하지 않다.
나는 그 순간들과 깊이 연결되었고, 함께 울 수 있었다.
그리고 또한,
그와 함께 일몰을 바라 보았다.

상자 속엔 무엇이 들었나

*이 글은 사티파타나 즉 '마음챙김확립명상'이라고 번역되는
붓다의 가르침 중,
몸의 해부(피부, 살, 뼈)와 요소(흙, 물, 불, 바람) 그리고
죽음 명상을 응용했다.
죽음 이후의 육체의 무상함을 통해 몸에 대한 집착을
놓는(non-attachment) 상상 글쓰기 명상을,
의식의 흐름대로 풀어낸 글이다.*

방금 도착한 택배 상자 속에서 은은한 꽃향기가 스며 나온다
그래서 얼른 개봉해보기로 한다 누가 봄꽃을 한 아름 보냈나
아님 맛있는 채소 요리를 보냈나 뭔가 묵직하다 빨리 열어서
무엇인지 알아 보자 뚜껑을 열어보니 은은한 꽃향기는
페이크였나 새까만 타르 같은 물체가 확인되기도 전에 코를
찌르는 뭔가 썩어가는 냄새 이게 뭔가 동물의 내장 같다
자세히 보니 식당에서 먹던 곱창 근데 이것은 흐물거린다
진물이 질질 흐른다 더 헤집어 보니 콩팥 간 등 순대에서나
볼 법한 내장들 난 이미 더러워진 손을 빼낼 수가 없다
묵직한 두려움이 내 뱃속에 가득하다 이미 온 몸이
마비되었지만 호기심은 손만을 움직이게 할 수 있다 더욱
헤쳐본다 아 심장 이것은 바로 심장이다 내가 그렇게
애지중지하던 심장 이미 멈춰 버린 지 오래인가 아니 아직

온기가 남아 있다 색깔은 검붉은 색으로 변했다 난 갑자기
울컥한다 눈물이 나려 한다 이것은 나의 몸 죽어서 모든 게
끝나버린 나의 몸이라는 것을 직감적으로 알아차렸다
그래도 한 가닥 미련을 안고 더욱 헤집어 본다 살은 아직
부드럽다 내장이 제일 빨리 썩고 부패한다는 사실이 뇌리
속을 스치며 난 내 살을 잠시 동안 바라본다 그 살 아래 뼈가
있다 이 뼈는 아직 살과 분리되지 않았지만 분명
골다공증으로 구멍이 숭숭 뚫렸을 것이다 또 한번 가슴이
저민다 60 평생을 살아온 내 몸 그는 갔다 아니 그는 내 앞에
상자 안에 떡~하니 있다 그렇다면 아직 나의 삶은 끝나지
않았나 썩어가는 냄새 홍어 같은 냄새 난 이 냄새가 역겹지
않다 처음과는 다르다 가능한 오래 기억하고 싶다 타르 같은
색이 점점 붉게 변하더니 선명한 핑크색을 띠었다가 이제
다시 어두워진다 음소거 하는 걸 잊고 누군가가 화장실에서
소변을 보는 것 같은 소리가 녹음되어 있다 그러더니
파도소리가 그 위에 겹친다 갈매기소리와 뱃고동소리가
섞여서 을씨년스러움을 더한다 마지막 상자 가장 밑바닥에
만져지는 종이 아마도 컬러 있는 잡지같이 부드럽지만 질긴
종이 몇 장 그걸 끄집어 내어 본다 제일 위의 장은 이미 검은
핏덩이로 오염되었다 다음 다음 장 그것은 폴리네시아 한
해변의 사진인 잡지 표지이다 파란 하늘 야자수무리가 서
있다 끝없이 펼쳐진 하얀 모래사장 바다색이 터콰이즈부터
짙푸른 네이비까지 스펙트럼이 다양하다 눈부신 태양이
충분히 연상된다 이것의 뒷장엔 한 문장이 적혀 스스로를
드러낸다 판도라의 상자에서 마지막에 나오지 못하고
갇혀버린 나는 희망 난 희망이다 넌 나를 꺼내는 게 좋을
거다

마녀에게
 - *17세기 초, 스코틀랜드의 어느 '마녀'에게*

이 글은 내 안의 오래된 여성적 감각 - 예민하고, 위험하고,
변덕스럽고, 마법적인 그 에너지를 다시 불러내는 과정에서
시작되었다.
나는 그 에너지를 위치(witch)라 부르기로 했다.
치유자이자 예언자, 경계인이자 샤먼, 가부장적 사회 속에서
수백 년 동안 억압되고 왜곡되었던 존재.
그리고 나조차 한동안 잊고 살았던 내 안의 한 부분.
'내 안의 위치를 깨우는 작업'을 시작하며, 나는 자연스레
실제 마녀들의 역사에 눈을 돌리게 되었다.
그들이 어떤 이유로 마녀로 불렸고, 왜 그렇게 쉽게 연기와
재로 사라졌는지. 그리고 그 사라진 자리에 어떤 상처와
침묵이 남겨졌는지.
이 글은 그 역사적 마녀 중 한 명 - 17세기 초
스코틀랜드에서 실제로 존재했을 법한 한 여성에게 쓰는
상상의 편지다.
동시에 이 글은, 지금 여기 나를 향한 글이기도 하다.

오랫동안 당신을 맘에 품고 있었소.
민간 동화와 설화에 관심을 갖기 시작했을 때부터인 듯
하오. 거기에서 당신은 못생긴 노파로 등장해 아이들을

잡아가고 영아들을 먹고 결코 죽지 않고 여러 사나운
동물들로 변신하고, 인간계를 괴롭히고 파괴하는
괴물이었소.
그럼에도 불구하고 여러 이야기를 통해 당신과 익숙해지고
당신들에게도 사정이 있겠지라며 마음에 품었소.
그러다 결국 진실을 알게 된 듯하오.

당신은 일찍감치 부모를 여의고 어느 샤먼에게서 길러졌소.
마치 동양에서는 동자승이 절에 들어가 법문을 외고 수행을
하듯이 말이오.
그 스승에게서 당신은 약초를 캐고 다루고 민간요법을
배우며, 마을의 의료를 책임져 왔소. 특히 가난하고 아픈
이들을 치료하고 보살피면서 당신 스스로가 약해지기도
했었지요.

바로 그때 당신은 샤먼의 길을 걸었다고 알고 있소.
스승의 인도로 환각의 약초물을 마시고 토하고 또 마시고
토하기를 반복하다 변성상태에 도달했겠지요.
이 변성의식을 누군가는 샤먼의식이라고 그럽디다.
당신은 이제 더 이상 평범한 인간이 아닌 것이오.
인류의 집단 무의식을 넘어서, 동물과 살아있는 모든
생물에까지 연결되고 합일되는 그런 마법의 시공간으로
들어간 것이었소. 그래서 당신은 언제든 신비한 동물로,
곰으로 호랑이로 변신할 수 있게 된 것이었소.

그러나, 당신은 다시 마을로 돌아왔소.
고사리 손으로 문을 두드리며 죽어가는 엄마를 살려달라는
어린 소년의 간절한 청을 외면할 수 없었던 것이지요.
그 문을 열어 그 소년과 함께 마을로 내려간다는 것은, 몇 달

째 당신을 찾아 헤매는 저들의 손에 스스로를 갖다 바치는 행위인 것을 뻔히 알고 있었으면서도요.
저들은 당신을 마녀로 몰았소.
신성모독죄, 영아살해죄, 불법의료행위 등으로 당신을
화형에 처하게 할 것이오.
그래야 의사로서 성직자로서 권위를 유지할 수 있을테고,
영아사망율이 높은 그 당시의 술렁이는 민심을 잠재울 수 있었을테니까.

나도 이제 노파가 되어 갑니다.
지금부터라도 당신을 조금씩 더 알아가고 싶소.
나의 삶 속에 당신을 초대하고 싶소.
당신의 삶, 당신의 고난과 환희, 당신의 감각과 지성을 닮고 싶소. 내 안의 여성성과 연결시켜 그대를 내 안에서
부활시킬 것이오.
그러니, 앞으로 자주 당신을 초대하리다.

그럼 오늘은
이만 총총

- 아직 불태워지지 않은 마녀 견습생으로부터

그물망 문양

어떤 날은,
감각이 시간을 거슬러 나를 무의식의 세계로 데려간다.
금릉 바닷가에서의 그 하루가 그랬다.

지난 초가을, 문자 그대로 '남국의 햇볕'이 부드럽게
쏟아지던 날이었다.
금릉의 해변은 마치 넓고 따뜻한 목욕탕 같았다. 드라이브
도중 어쩌다 그곳까지 가게 된 나는, 생각할 틈도 없이 두
발을 걷어붙이고 물속으로 들어섰다.
아니, 정확히는 한 발 한 발, 조심스럽게 발을 옮겼다.

물속의 촉감, 발바닥에 닿는 느낌, 온도와 물살.
이 모든 감각들을 온몸으로 새기려는 듯, 눈을 감고 천천히
숨을 들이쉬었다.

코끝에 스치는 비릿한 향기.
그래, 나는 늘 그 바다 냄새를 향기롭다고 느껴왔다. 어릴
때부터 바다와 함께해 온 기억이다.

눈을 떠 발 아래를 내려다보았다.
물살은 얕고 부드럽게 흐른다. 햇빛이 그대로 물바닥까지

내려앉아, 아름답게 흔들리는 그림자를 만든다.
한참을 그렇게 바닷속의 응시를 즐기다가, 문득 어떤 문양을 떠올린다.

그물망 문양이다. [19]

초기 신석기 시대의 토기, 그물망 문양, 물의 은유, 여신의 힘, 생명을 부여하는 이미지, 우주와의 연결.
이런 단어들이 순간적으로 떠올랐다.

찰나적으로, 고대의 한 여인과 연결되는 몽상이 펼쳐진다.
그녀는 해변에서 바다를 즐기고 있었다.
그녀가 들이쉬고 내쉬는 숨결, 유영하던 바다의 물결,
모래에 누워 애무하듯 즐기던 햇살, 살갗을 비벼대는 거친 모래결.
그녀의 이런 몸 느낌을 난 그대로 감각할 수 있다.
그녀는 나처럼 키가 작고 통통한 배를 가지고 있다. 장난기 있는 눈매, 도톰한 볼, 작은 손과 발. 모두가 어딘지 아주 낯익다.
반면 나와는 다른 굵고 쉰 목소리, 햇살에 반짝이는 윤기 있는 검은 머리결.
그녀는 주변에 어린 아이들로 둘러싸여 있었다.
　발을 물에 들이기를 주저하는 여자아이,
　첨벙이며 물장구치는 남자아이,
　조용히 쪼그려 앉아 물속을 들여다보는 아이,
　나뭇가지로 모래를 후벼 파는 아이까지.
그들은 모두 그녀의 손주들이자, 한 부락의 아이들이었다.

---

[19] 마리아 김부타스, 『여신의 언어』, 10장 그물망 문양, 81쪽

피가 섞이지 않아도, 함께 비비고 웃으며 자란 아이들.
꺄악꺄악 높은 톤의 웃음소리, 꺄르르 웃는 아이들.
그 소리들은 바다의 잔잔한 파도 소리를 덮고, 갈매기의
끼룩거리는 소리마저 삼킨다.

지금 여기, 금릉 바다에서도 똑같이 아이들이 웃고 있다.
지금 여기, 그녀의 폐에 들고 났던 공기.
지금 여기, 그녀와 아이들이 비비던 하얀 은모래.
지금 여기, 그녀의 온몸이 담겼던 그 바닷물.

아득한 시간과 지금 이 순간이,
숨결, 물결, 바람결, 모래결을 따라 맞닿는다.
감각은 그렇게,
나를 어딘가 의식 저 깊은 곳, 고대의 시간으로 데리고 간다.

기도시 연작

i. 기도

나의 심장에 사는 신, 벗이여
안녕하시냐.
나의 심장은 그대 거하시기에 편안하냐.

벗이여,
멀리 이만리에 살고 있는 딸이 괜찮다고 하니
나 또한 아직은 괜찮소.
이 평안의 소식을 그대에게 전하는 바이다.

또다시 삶은 오르락내리락하며 출렁이겠지.
그때에 벗이여
난 그대를 기억하겠소.
나와 함께 하는 신이신 그대를.

내 몸 안에 살아 있는
나의 삶이여.

ii. 지나고 보니

지나고 보니, 대체로 사랑이었더라.
이 무슨 진부한 노래 가사냐고,
그래도 어쩌겠나. 지금 심정이 딱 그런 걸.

축축한 드라이브길,
모든 가로수가 우우거린다.

자신의 눈물을 봐달라고,
서로가 입 좀 다물라고,
더 슬퍼지기 전에.

그녀의 분노도 집착도 신경증도 폭력도 -
사랑이었더라.
그의 애씀도 징징거림도 불안도 -
사랑이었더라.

그녀만의 불 같은 사랑의 방식,
그만의 책무적인 사랑의 방식.

나의 헌신도, 변덕도, 참음도, 꽁함도 -
사랑이었더라.

나만의 모호한 사랑의 방식.
나 스스로도 인지하지 못했던,
종종 오해되곤 했던 사랑.

그러나
다시는 해맑게 연결될 수 없는,
아름답다고만 기억되지 않는,
눈곱만큼은 아직 아물지 않은 상흔.

젖은 땅을 조금만 파보아도
다들 저마다의 방식으로 사랑을 흘렸겠지.

그래서, 딸아
내가 죽거든, 바짝 태우고
곱게 갈아서
오늘처럼 축축한 날,
바다의 쾌속정 요트에서
조금씩, 조금씩 날려 다오.

아무도,
이것이 사랑이었다는 걸
눈치채지 못하게.
조용히,
그저 그렇게 날려 다오.

iii. 소멸에 대한 사랑
  - 멜랑콜리의 품 안에서

가끔 멜랑콜리가 찾아올 때가 있다.
오늘이 그날이다.
퇴근 후, 드라이브하며 추억의 노래를 듣는다.
나의 세상을 가진 나의 작은 우주가 소멸하는 순간 나도
사라지겠지..
가사가 유달리 마음에 꽂힌다.

한때 '소멸'에 깊게 젖어 있던 시기가 있었다.
소멸, 사라짐, 죽음.
영화 어벤저스의 타노스가 모래처럼 흩어져 사라지는, 그 소멸의 장면만을 머릿속에서 몇 번이고 재생했다.

그래, 그것은 사랑이었다.
소멸에 대한, 죽음에 대한, 그림자에 대한, 어두움에 대한, 흡수됨에 대한 사랑.
그것은 나에게 아름다움이었다.

그 너머의 그것은, 죽음 너머의 그것은
재탄생을 위한 잠시 멈춤.
바다의 심연이고, 원시림의 깊은 동굴이며,
어머니의 자궁이자 우주의 블랙홀이다.
무한을 품은 암흑 에너지이며, 생명의 원소를 안고 있는 재생의 원천.
죽음, 소멸 이후의 환원과 재탄생 –
이것이 진실일 것이다.

계절 켜켜이 먼지처럼 끼어 있던 멜랑콜리는 오늘 새로운 얼굴을 내민다.
나 아직 살아있다 –

물오른 나뭇잎처럼,
싱싱하고 여리게 그렇게 다가온다.

오늘은 특별히,
그리워해 온 옛 연인을 만난 듯이
그가 포근하고 감미롭다.

iv. 겨울눈

겨울눈, 참 아름다운 말이다

겨울을 견딘 봄이다
죽음을 뚫고 나온 삶이다
무조건적 사랑을 불러오는 여림이다
절망에서 빠져나온 희망이다
화려함을 꿈꾸는 여원잠이다
새벽 해뜰 녘 장미빛 손가락의 오로라이다

그러나,
시나브로 소멸할 기운을 간직한 불안정이다

하여 겨울눈은,
완성을 향해 흘러가는 작은 죽음이다

약천사

i.

조수석의 그녀는, 운전하는 남편이 못마땅하다.
뭐가 계기였는지는 언제나 분명치 않다, 암튼 언쟁이
시작된다. 아시아에서 제일 크다는 제주도의 약천사
탐방길은, 그렇게 삐걱거렸다.
하여 그날, 생전 처음으로 K, 그녀는 법당안으로 들어가
홀로 부처님 불상과 마주한다.
중앙의 비로자나불은 커도 너무 크다, 높이가 6m 이다.
암튼 그녀는 명상자세로 좌선하여 마음을 가라앉히기로
한다. 눈을 감은 지 몇 분 안되었을 때, 그 거대한 불상이
그녀에게로, 그녀의 가슴속으로 훅- 들어온다.
깜짝 놀라 눈을 뜬 그녀, 그것은 에너지인가, 환상인가.
신기하기도 하고 신비롭기도 하여 몇 분 더 있기로 한다.
그녀는 이제 마음이 평화롭다.

ii.

몇 년 만에 처음으로 약천사에 오른다.
그녀는 직장에서의 스트레스로 인해 가슴이 답답하고,

마음이 슬프다.
예전엔 그럴 때마다 약천사 경내를 염불에 맞춰 돌기도
하고, 법당 불상 앞에서 기도와 명상으로 부처님을 만나
위로를 받고 힘을 얻곤 했었다.
그 때의 그 기억이, 오늘 그녀의 발걸음을 여기로 인도
하였다. 그녀는 살짝 그때의 미스테리한 재경험을 기대한다.
여느 때처럼 삼배를 올리고 아주 큰 미륵부처와 잠시 눈을
맞추고, 곧 기도자세로 몇 분을 머무른다.
……
무상… 고… 무아…

부처와의 10 여분 미팅은, 정답만을 받아들고 그렇게
시시하게 마무리 되었다. 어떤 신비스러움도, '아하
모먼트'도, 새로운 깨달음도 없었다.
그후 그녀는 짧게 경내를 한바퀴 돌면서 받아든 답안을 잠시
음미해 본다.
나의 이 스트레스와 문제의 이 감정은 곧 변할테지, 모든
고통은 내가 너무 집착하고 있기 때문이야.
음… 그래, 내일 이 문제를 팀장과 나누면서, 이 문제와
거리를 좀 확보해야겠어.
여기까지 생각이 미치자, 그녀의 발걸음은 곧 가벼워짐을
느낀다.
여기 오길 잘 했어.
흠, 그러나 암튼 무아는 아직도 어려워.

iii.

점심시간에 잠시 산책을 하며, 늦가을의 햇살과 시원한 바람을 즐긴다.

아침 내내 흐리다가 잠깐 비춰오는 햇빛은 내 마음의 먹구름에 숨구멍을 터, 시원한 기운을 온몸에 전한다.
그래도 인생은 살 만하다며 살아있음을 즐기라고 속삭인다.
오후에는 어제까지 스트레스로 꽉 찬 사안을 팀장과 회의하면서, 내 가슴에서 답답한 기운을 퍼낸다.
정수리 부근의 묵직한 통증이 이내 사라진다.

자아를 조금 덜어내고 무아로 가는 길,
그 여정에서 잠시 쉼.

여기가 바로 약천사 경내이다.

아테네:

i. 여사제 타리의 기록
 - *기원전 4 세기 어느해 가을, 엘레우시스.*

어젯밤, 또다시 코레의 꿈을 꾸었다.
깊은, 바닥 없는 구렁에서 그녀의 손이 나를 향해 뻗쳐왔다.
나는 그 손을 붙잡지 않았다. 대신 가만히 속삭였다.
이제 너는 나의 일부야.

나는 여사제이다. 이름은 타리, 중개자라는 뜻이다.
꿀벌이라는 뜻의 멜리시아라 불리는 여사제들 중 하나다.
우리는 데메테르의 성소에 살며, 그 분노와 슬픔과 회복을
몸으로 기억하고, 해마다 반복되는 신비의식을 준비한다.
신성한 음료 키케온을 마신다.

이제 곧, 사람들은 아테네에서 엘레우시스로 걸어올 것이다.
수백 명이 함께 걷는 이 행렬에서 여사제들은 횃불을 들고
맨 앞을 걷는다.

그 여정은 단지 행렬이 아니라, 하데스에게 끌려가는 코레-
페르세포네-의 여정을 다시 걷는 것이다.
그들 각자의 죽음과 상실을 마주하는 길이다.
그리고 나는, 그 길의 끝에서 어둠 속을 밝히는 자로 서 있을
것이다.

어릴 적 나는 어머니를 잃었다. 그 무렵 텔레스토리온에서 처음 제의에 참여했을 때, 어둠 속에서 등장한 횃불 하나를 보며 아이처럼 울었던 기억이 있다.
그 빛이 나를 불렀다.
그리하여 지금 나는 이 자리에 있다. 그때 그 여사제처럼.

행렬이 도착한 후, 거대한 신전 텔레스토리온 안으로 들어간다.
밤이다. 횃불은 꺼지고, 어둠이 내려앉는다.
침묵 속에 사람들은 기다린다.
이 어둠은 하데스의 세계, 즉 죽음 그 자체이다.
신전의 커다란 문이 닫히고, 사람들의 몸이 차가운 돌바닥에 붙는다.
나는 무릎을 꿇고, 조용히 노래를 부른다.
하데스의 입이 열리고, 어머니는 딸을 부른다.
그 순간 어둠 속 어디선가, 수십 명이 동시에 흐느낀다.
그들은 자신 안의 페르세포네를 마주한 것이다.

갑자기, 숨죽인 참가자들 앞에서 작은 등불 하나가 밝혀진다. 그리고 신성한 것, 페르세포네의 귀환을 상징하는 밀 이삭 다발이 나타난다.
내가 맨손으로 밀 이삭을 들고 그들 앞에 나선 것이다.
불이 켜진다.
나는 비밀을 드러내는 자의 손이 되어, 신의 상징을 눈앞에 비춘다.

보라, 그녀는 돌아왔다. 죽음을 지나, 다시 돌아왔다.

그 순간을 나는 잊지 못한다.
그 수백 개의 눈동자에 맺힌 눈물,
빛이라기보다는 내면의 시간을 뚫고 솟아오른 생명의 섬광
같은 것.
이 순간, 참가자들은 말로 설명할 수 없는 해방감, 희열, 혹은
눈물로 이 신화를 자신의 이야기로 통과한다.

나는 그들에게 아무것도 말하지 않았다.
단지 존재했을 뿐이다.
어둠 속에서, 빛을 먼저 품은 존재로.

의식이 끝난 후, 나는 신전 바깥의 별들을 올려다본다.
그 별들은 누군가의 딸일 것이고, 누군가의 어머니일
것이다.
그리고 나는 여전히 이 신전 앞에 있다.
빛을 안고, 어둠에 속한 자로서.

덧붙임
이 글은 아테네 여행에서 엘레우시스를 방문했을 때 받은
영감의 기록이다. 고대 그리스 엘레우시스 밀교에서 봉사한
여사제 타리로, 제의를 재현해 보았다. 타리는 중개자라는
뜻으로, 밀 이삭과 꿀벌을 상징으로 삼은 실제 여사제들의
이미지를 반영한다.
엘레우시스 밀교 또는 엘레우시스 제전으로 알려진 제의는,
아테네에서 서쪽으로 약 20km 떨어진 엘레우시스에서 매년
가을 열렸다. 이것은 하데스가 코레, 즉 페르세포네를
납치한 신화를 바탕으로 한다. 이 신화는 실락(상실) – 탐색
– 승천의 세 단계로 이루어져 있으며, 밀교의 중심 테마는

페르세포네의 귀환, 즉 죽음과 상실을 통과한 후 어머니 데메테르와 재합일하는 승천이다.

엘레우시스 밀의식은 고대 그리스에서 가장 중요한 신비 제전 중 하나로, 나중에는 로마 전역으로 퍼졌다. 수백 명의 참가자들은 아테네에서 엘레우시스까지 걸으며 신화적 여정을 재현했고, 거대한 신전 텔레스토리온(Telesterion)에서 어둠과 침묵, 상징적 죽음을 경험한 뒤, 작은 빛과 밀 이삭을 통해 재생과 해방을 체험했다.

의식의 한가운데, 참가자들은 키케온(Kykeon)이라는 신성한 발효 음료를 마셨다. 보리와 박하, 물로 만든 이 음료는 일종의 정화 의식이자 트랜스 상태로 들어가는 관문이었다. 일부 학자들은 키케온이 의식의 심층 체험을 돕는 심리적·생리적 역할을 했다고 본다. 여사제들은 먼저 이 음료를 마시고 깊은 침묵과 감응 속으로 들어갔으며, 두려움과 저항이 큰 참가자들이 그 뒤를 따를 수 있도록 안내했다. 이 장면은 단순한 의식의 일부가 아니라, 의식의 문을 여는 고대의 열쇠와도 같았다.

그 교의와 의식은 오랜 세월 비밀로 전승되었으며, 밀교의 비전가들은 스스로 그 참여를 선택한 뒤 인내하며 그 비밀을 받아들였다.

그들은 이 신비를 통해 내면의 변형과 깨달음, 나아가 사후 세계에서의 보답을 얻는다고 믿었다.

이 글은, 그런 비전 여정의 한 장면을 여사제 타리의 시선으로 풀어본 것이다.

ii. 죽음의 계절에 우리는 만난다

*아테네 여행 넷 째 날, 엘레우시스를 다녀온 우리는
아나비소스 해변으로 숙소를 옮겼다.
몇 십년 만의 폭염이 유럽을 덮친 날들. 그 속에서도 우리는
이 바닷가에서 잠시 숨을 고르며, 나름의 여유를 갖는다.*

데메테르는 그녀의 딸 코레를 상실한 슬픔으로 아홉 날 아홉 밤을 먹지도, 자지도 않았다.
그녀의 슬픔은 곧 나의 슬픔이 되었다.
온 산과 들을 헤매며 자식을 찾아 나선 머리를 풀어헤친 여인, 밤낮으로 맨발로 소복 입고 동네와 산을 떠도는 바로 그 '미친 여자'가 떠올랐다. 나도 그랬을 것이다.
그이의 슬픔은 원통과 한이 되고, 마침내 강물의 원혼이 되어 흘러갔으리라 - 이전에는 그렇게 생각했었다.

그러나 지금, 이곳 아테네의 여름은 뜨겁다. 며칠째 39 도를 넘는 태양 아래, 잠시 이명이 울리고 어지럼증이 스친다.
죽음의 계절인 것이다. 땅은 메말라 쩍쩍 갈라지고, 생물들은 숨죽여 어딘가로 사라졌거나 어쩌면 죽었을 것이다. 벌건 흙 위에 관목 몇 그루만 듬성듬성 자리를 지키고 있다.
그나마 신이 내린 선물, 올리브나무는 이 불볕더위 속에서도 가로수로, 관목으로 잘 버틴다. 그래서 더욱 여물고, 견고한 목재로 숙성되어 간다.

이런 날씨와 이런 땅이라면, 차라리 하데스의 지하세계가 더 나을지도 모른다. 어둡고 서늘하고, 먹을 것도 있을 테니.
데메테르가 좀 오버했나.

감히 이 말을 입 밖으로 뱉지는 못한다. 그들은 신들이니까.
신들의 이야기니까.

데메테르의 코레, 곧 페르세포네는 이 죽음의 계절을 어떻게
견뎠을까.
하데스는 죽음과 잠, 그리고 무의식의 신이다.
페르세포네는 그 지하 세계의 여왕이자 공동 통치자였다.
고대 그리스인들은, 하데스와 페르세포네가 다스리는
저승을 공포와 절망으로 가득한 어두운 지옥으로
두려워하면서도, 동시에 금은보화와 자원이 무한히 매장된
지하의 보고로 환상화했다. 그래서 페르세포네는 하데스와
더불어 가장 부유한 신이기도 하다.
플루토(하데스의 로마식 이름)가 페르세포네를 납치하여
강간했다는 이야기는 여신 숭배의 전통이 약해진 훨씬
이후에 덧붙여진 것이다.

그렇다면, 내 의식 속 코레는 누구인가?
마냥 귀엽고 귀한 온실 속 화초만은 아니다.
어느 날, 그녀는 문득 하데스로 소풍을 떠난다.
지상의 화려한 꽃들과 치장, 시녀들의 시중이 갑자기
지루해졌던 것이다. 엄마의 과잉 보호에 잠시 반항하고 싶은
10대의 마음처럼.
엘레우시스 유적에는 하데스로 통하는 입구라 전해지는
움푹히 패인 작은 동굴이 있다. 내가 방문했을 땐, 호랑이
무늬 길고양이 한 마리가 그 안에서 웅크리고 낮잠에 빠져
있었다.
처음 코레가 그 입구에 섰을 때, 조금은 떨렸을 것이다.
가출이란 그런 것.
허세와 배포로 호기롭게 집을 나서지만, 마음 한 켠에는

낯선 세계에 대한 두려움이 숨어 있다. 그녀는 동굴 속으로
들어서며 서늘하고 무시무시한 기운을 감지한다. 잠시
망설이지만, 곧 다짐하듯 말한다.
나는 데메테르의 딸. 나도 역시 여신이다!
점차 시야는 어둠에 익숙해지고 몸은 그 기운에 적응해간다.
입구에서부터 감지되는 은은한 대리석,
양옆에서 번쩍이는 금은보화들,
그리고 마침내
천상의 빛 한 줄기, 아니 지하세계의 빛 한 무더기
그 가운데에 큰 보좌
에 앉은 왕.
그 실루엣.
근엄하면서도 온화한 눈빛.
그녀는 한눈에 그를 사랑하게 된다.
코레에게는 아버지가 없다. 어머니 데메테르는 자식을 홀로
키웠고, 코레는 지극한 사랑 속에서 아버지의 부재를 느끼지
못한 채 자라났다.
그러나 지금, 여기는 무의식의 세계,
그녀는 그 무의식의 그늘에서 처음 그리움을 느낀다.
아버지의 자리, 혹은 권위의 그림자,
혹은 사랑의 무게.
코레는 그 남자에게 끌리고 있다.

그리고 지금,
떨어져 살고 있는 우리 모녀는, 해마다 오히려 이 죽음의
계절에 만난다.
나의 코레는
아나비소스 해변, 저녁 8시를 넘긴 에게해 바다에서
우아하게 수영한다.

화산덩이 같은 일몰 직전의 해를 등지고,
부드러운 물을 가르며 동화 속 인어가 된다.
검푸른 바다처럼,
무의식의 심연을 유영하는 초월적 존재가 된다.
한참을 즐기고
바닷물을 뚝뚝 떨구며 황금 백사장으로 걸어 나온다.

이제는 아프로디테이다.

우라노스의 정액 거품 속에서
수백 번의 변형을 거쳐 탄생한
미의 여신이 내게 다가온다.
진주를 품은 무심함으로, 거대한 가리비를 타고서,
보티첼리의 비너스는
그렇게 내게 온다.

iii. 여신 아테나

아나비소스의 어느 호텔 방, 난 꿈을 꾸었다.

전체 동네가 긴장과 흥분에 휩싸여 있었다. 아테네의 언덕진 동네. 비탈진 골목이 이어지고, 삼거리마다 말다툼, 언쟁, 시위가 일어난다. 어디가 어디인지 모를 만큼 좁고 복잡한 길, 그러나 익숙한 구조이다.
마치 오래전부터 알고 있었던 동네처럼.
아군과 적군은 잘 알아채지 못하게 뒤섞여 있다. 현대의 여름 평상복을 입은 아군들과, 고대식 짧은 튜닉을 입은 적군들. 시대와 의식이 충돌하고, 싸움은 그쳐야 할 이유도 방향도 잃은 채 계속되고 있다.
그때 그녀가 등장한다. 나의 동료 L. 새로 산 밝은색 원피스를 입고, 머리에는 평소처럼 두건을 두른 그녀.
그녀가 등장한 순간, 모든 것이 멈춘다. 마치 영화의 정지 화면처럼, 거리의 사람들이 그녀를 향해 시선을 돌린다. 그녀는 어떤 두려움도 없이 그녀 특유의 걸음으로 사뿐히 걸어온다.
삼거리쯤에서 적장과 눈이 마주친다. 한눈에 알 수 있다, 그는 그녀에게 반했다. 그녀는 그저 존재만으로, 적장의 내면을 건드렸다.
이윽고 정지가 풀리고, 사람들은 다시 움직인다. 이제 적장은 클라이밍 게임 같은 동작으로 절벽을 기어오른다. 긴장과 힘이 결집한다. 그 순간, L이 팔을 길게 늘어뜨려 그의 벌어진 허벅지를 살짝 터치한다.
다시 정지. 모두의 시간이 멈춘다.
그리고, 적장은 눈물을 흘린다. 그 광경을 본 사람들이 울먹인다.
정적 속에서 벅찬 감정이 천천히 번지고, 다시 꿈의 화면이 느린 재생으로 돌아간다. 이제 더 이상의 결투는 없다는 것을 누구도 설명하지 않아도 모두가 안다.
곁에 있던 또 다른 동료가 울먹이며 나를 껴안는다.
끝났어…
그녀의 눈물에 나도 잠시 고개를 묻는다. 싸움은 종결되었고, 사람들은 각자의 자리로 돌아가기 시작한다. 일상이 회복되고, 혼란은 정리된다.

아침에 깨어나자 나는 바로 알았다. 나의 동료 L은
아테나이다.
올리브나무를 선물로 내세워 포세이돈을 이긴 여신.
그래서 이곳, 아테네의 수호신이 된,
그 이름 없는 시민들의 선택을 받은 여신.

그리고 그녀는 전쟁의 지혜로운 종결자.
무력을 휘두르지 않고도
딱 한 번의 접촉, 한 번의 눈빛, 그녀의 존재 그 자체로
수천 년의 갈등을 멈추게 할 수 있는 자.

그녀는 칼도, 외침도 없었다.
고요한 판단, 정확한 개입, 정지시킬 줄 아는 감정의 설계자.
그녀는 전쟁을 끝내는 방식을 알고 있었다.
그녀는 나의 동료로, 인간의 모습으로 이 세계에 왔지만,
실은 어둠으로 내려앉은 갈등의 삼거리에
빛을 조율하러 내려온 여신이었다.

사실 그 전날,
나는 호텔 수영장 옆 긴 의자에 쉬다가 잠시 가부좌를
틀었었다.
아이들의 웃음소리가 수면 위에서 깔깔댔고, 물장구 소리,
매미소리와 섞여 신나고 빠른 비트를 만들었다.
수년만에 성충이 된 매미, 그 매미 소리는 그리스 매미
특유의 부드러움을 가졌다. 몇 주 후면 사라질 것을 알기에
한낮의 태양처럼 우렁차게 울어댔다.
모든 것이 살아 있었고, 그 살아 있음이 무언가에 부드럽게
감싸이고 있다는 느낌이 들었다.
그때 문득,

이곳, 아테네라는 도시 전체가
보이지 않는 거대한 손에 안겨 있다는 인상이 스쳤다.
전투의 도시가 아니라,
지혜와 평화를 품은 여신이
수영장 위의 뜨거운 햇살, 아이들의 웃음, 매미들의 강렬한 떨림 속에
머물고 있다는 느낌.

그녀는 사람들 속에 있다. 골목길과 레스토랑, 상점과
박물관의 여행객 사이에도 있다.
길고양이들과 올리브나무, 황금빛 해변과 유난히 크고 까만
별들 가운데에 있다. 그릭 요거트와 꿀, 달달한 멜론이 놓인
식탁에도 있다.

여신 아테나의 기운은 그날 낮에도,
그날 밤에도,
그리고 지금 이 글을 쓰는 순간에도
내 곁에 있다.

내 안에 남아있는 작은 동요마저 가만히 감싸고 있다.

4부 몸으로 겪는 세상

- 몸의 감각

흐릿한 하루

잠에서 이 세계로 넘어 올 때, 가끔 난 묘한 기분으로 눈을 뜬다. '여긴 어디, 나는 누구' 라는 감각의 잔여, 조율을 위한 멈춤. 오늘이 그랬다.
젊은 날엔 어둡고 침침한 꿈들이 많았던 것 같다.
살아있다는 사실조차 낯설었고, 그래서인지 아스라히 밀려오는 그리움이 가득한 아침들…
오늘은, 그보다는 덜하다. 이 정도면 괜찮은 편이다.

오늘 낮에 곶자왈을 걸었다.
흐리고 꿀꿀한 날씨, 간간히 비도 뿌린다.
들어가는 초입부터 어둑하고 축축하다. 마치 무의식의 세계에 들어가는 듯이.
그러나 기분은 묘하지 않다.
상쾌한 공기, 착잡한 촉감, 가끔 들려오는 새소리, 깨끗한 시야, 초록한 나무와 풀 이끼들, 향긋한 흙 냄새 낙엽 썩는 냄새, 검은 돌, 자갈들, 땅으로 삐죽 튀어오른 나무뿌리들…
숲과 나 사이에 서로 익숙한 무심함이 깔려 있다. 나는 그냥 나의 걸음을 걷는다.
오늘은 어떤 신비로움도 어떤 교감도 없이 그냥 걷는다.

감정에 집중해 보아도 뚜렷한 것이 없다. 양가 감정도 선명한 하나의 정서도 잡히지 않는다.

오늘 하루는 업다운이 가볍고 잠의 세계와 현실 사이의 채도가 차이가 크지 않다.
아파트 뒷베란다 창문으로 빗물 닿는 소리가 불규칙하게 심장을 두드린다.

하루가 추적추적 저문다.

곶자왈 숲길과 빗소리가 어우러진 24년 새해의 하루가 조용히 저문다.
흐릿한 경계가 조금씩 옅어지길 바라는 마음으로, 나는 오늘도 그렇게 걷는다.
감정도 생각도 뚜렷하지 않은 채, 다만 이 순간을 온전히 품으며.

그날의 카르마는 그날에 푼다

요즘 요가를 한다. 뻣뻣한 몸을 이끌고, 자꾸만 기우는
마음을 데리고 간다.
따라가기 버거운 동작에 끙끙대면서도 계속 가는 이유가
있다. 요가를 하는 시간만큼은 내 감정과 내 몸이 다시
연결되는 시간이라는 걸, 이제는 알기 때문이다.

요즘 나는 요가 수업에서 제법 어려운 아사나에 도전하고
있다. 초보자 입장에선, 웬만한 동작이 다 어렵다.
삐걱대며 따라가던 어느 날, 선생님의 한마디가 내 가슴에
뚜렷이 박혔다.

그날의 카르마는 그날에 푼다.

문득 지난 일주일이 떠올랐다.
실망, 자책, 죄책감, 책임감 같은 감정들이 내 가슴께를
저릿하게 물들였던 시간들.
이런 감정들은 몸 어딘가에 은근하고도 미세하게 남는다.
어떤 날은 뱃속 깊은 곳에서 살얼음이 서서히 얼어붙는
듯하고, 또 어떤 날은 가을날 갈대들처럼 파르르 떨기도

한다.
겨드랑이에서 시작된 스산한 바람이 옆구리와 내장을
관통해 사라져 가기도 한다.
그래서 그날의 수업은, 그런 미세한 몸감각과 아련한 감정의
응어리를 직접 풀어보려는 시도였다.
그런데 수업 후반, 그 문장이 나를 덮친 것이다.
이것은 이심전심일까, 동시성일까.

 내가 잘못했으면 내가 책임지면 되고,
 내가 슬프면 그냥 잠시 울면 되는 거야.

그 마음으로 한 동작에 오래 머문다.
가슴과 겨드랑이, 고관절과 어깨, 목에 달라붙은 우울, 실망,
좌절, 낙담.
그 카르마들을 향해 숨을 보낸다.
한 동작 안에서 나는 그 감정들을 느끼고, 들어주고,
조금씩 흘려보낸다.

그렇게 하루하루, 그날의 카르마를 그날 안에 풀어낸다.
다음 날로 넘기지 않기.
감정도, 호흡도, 삶도.

요가는 나에게 속삭인다. 영혼의 일도, 몸의 일처럼
하루하루 다듬어가야 한다고.
그렇게 오늘도 나는,
나의 카르마를 매트 위에 펼친다.

사계해변

i.

오랜만에 사계해변으로 조깅을 나왔다.
계절의 여왕답게 5월의 햇살은 사랑스럽다.
얼굴을 간지럽히는 따뜻한 공기, 가끔 불어오는 시원한
바람, 탁 트인 바다의 윤슬.
매력을 뿜어내는 블랙홀 같은 검은 돌무더기들.
그리고 저 멀리 스스로를 누드로 드러낸 한라산 정상-
흐음, 서남서에서 바라보는 그것은 아름다운 여인의 젖꼭지
같다.

존2 운동답게 살짝 가빠진 호흡, 기분 좋은 심장박동,
가벼운 앞발바닥 착지,
안경 위에 덧쓴 선글라스가 가끔 삐걱 소리를 낸다.
공휴일이라 관광객들이 제법 어슬렁거리는데도 오늘은
그들이 사랑스럽게 보인다.

나는 달리며 온갖 상상을 한다. 저 바다 건너편 형제섬을
바라보다 문득 그 시절이 떠오른다.
처음으로 달리기를 시작하던 때.
며칠을 동네에서 뛰다가, 이 해변에 처음 나왔고, 처음으로
20분을 쉬지 않고 달렸다.

그 당시 나는 상상했다.
형제섬 위에 나를 축하해주는 물체가 떠 있고,
그 물체가 형제섬 위를 몇 바퀴 돌다 빛이 되어 내 마음으로 스며든다.
으흐흐…
그 빛은 따뜻하게 내 심장을 감쌌다.
점점 오라처럼 커지더니 내 주위 1 미터까지 확장되었다.

지금 나는 또다시 둥근 빛 덩어리가 되어
그 날처럼 달린다.

ii.

사계해변 위로 부드러운 빗줄기가 내린다.
오늘 저녁, 나는 이 이슬비 속을 달리기 위해 운동화 끈을 조여 맸다.
차가운 빗방울이 얼굴에 닿을 때마다 정화되는 기분이다.
들이마시는 숨마다 새로움의 맛이 난다.

발바닥 앞쪽 착지를 굳게 보폭을 더욱 좁게, 천골에 의식을 두고 아랫배에 힘을 준다.
어깨에 힘을 빼고 팔치기는 가볍게, 턱을 당기고 시선은 전방 20 미터.
안경에 부딪히는 이슬비를 뺨으로 받으며
물방울의 신선한 애무를 반긴다.
파도가 쏴- 하고 해변으로 밀려오는 소리가
내 귀에서 가볍게 부서져 물방울을 흩뜨린다.

달리기를 마친 뒤, 근처 해변 카페에 자리를 잡았다.
빗줄기가 굵어진다.
커다란 유리창에 부딪히는 빗방울, 그것이 흩어지는 모양을 따라간다.
그리고 불규칙하게 듣는 그 빗소리,
그저 이 순간을 즐긴다.

숨을 고르고, 글을 쓰고,
그렇게 살아 있음에 머문다.

iii.

안개 낀 산방산

자신의 모습을 종종 바꾸는 산방산이
오늘은 안개 속에 자신을 감춘다.
나는 그녀가 잠시 내면 작업 중이라고 투사한다.

그녀에게도
상처 난 속살이 있을 테고,
가끔은 들여다보며 무사한지 확인할 필요가 있을 것이다.

억겁 동안
그 비밀스런 상처는
딱지가 앉는 듯 하다가도
또 덧나고⋯
그러기를 반복한다.

그것은
그녀를 찾아오는 인간 친구들과의 깊은 결속이 원인임을
누구도 모르는 바 없다.

나 또한,
내 안개를 품은 채
그녀와 함께
잠시 내면 깊은 곳으로 사라진다.

줄탁동시

i.

줄탁동시를 숙고한다.
그것은 아마도 나의 벽에 있는 문을 여는 데에 필요한
열쇠일 것이다.
나의 철옹성 같은 벽, 그 벽에 문을 내는 데 만도 10여 년이
걸렸다. 내면작업, 꿈작업, 몸작업 등 이런저런 작업과
명상을 통해, 문을 내기는 내었다.
그리고 기뻤다. 인생 후반에 이런 걸 해내다니!
스스로 만족하고 도취했다-만, 그 문은 열리지 않는다.
다시 손잡이를 내고 그것을 아무리 돌려보아도 열리지
않는다.
하여 필요한 것이 '열쇠'인 것이다.
나의 핵심적 트랜스포밍을 담당할 마지막 한 수, 그것은
외부에서 와야하지 않을까?
줄탁동시
어미닭의 알을 향한 결정적 터치, 병아리가 알을 깨고
나오려는 순간 어미 닭의 한 쪼움, 그것이 내게 필요하다.
삶을 신뢰하고 사랑하는 마음으로, 기 치료에 기대어 본다.
준비된 제자에게 스승이 나타나듯, 서서히 또는 급격히,
우연히 또는 필연으로 내게 온 기공치료!!
한두 번 회기를 갖고도 벌써부터 나타나는 이 몸에서의
변화, 그 변화를 경험하고 느끼는 것이 즐겁다.

이것이 단지 1차 열쇠라 하더라도, 지금 여기에서의 즐겁고 행복함을 잊지 않겠다, 감사함으로.

ii.

기 치료 몇 년 후, 내게 온 스승 요가마스터.
기 치료가 둔탁해진 나의 몸의 오라를 가볍게 마사지해주었다면, 요가는 본격적으로 내 몸을 깨우는 수련이다. 가볍게 오라 마사지를 받은 나의 몸은, 이제 다음 단계로의 이행 준비를 마쳤다.
그러자 나의 몸상태에 딱 맞는 외부의 한 조응, 요가 스승이 나에게 온 것이다.
나는 하루하루 조금씩 단련되고 민감해져 활기를 찾게 되었다.

그분과의 요가는 즐겁다.
은은한 싱잉볼 음악과 명상자세로 수업을 연다.
깊은 호흡과 가라앉는 에너지.
먼저 몸을 그라운딩시킨 후에, 하루 동안 쌓인 피로의 먼지를 소리와 빛으로 샤워한다.
그렇게 나는 고대의 나를 만나는 문턱에 와 있다.

두 발을 앞으로 쭉 뻗고 앉아 상체를 편안하게 숙인다.
들이쉬고 내쉬고, 단다아사나 후 파스치모타나아사나, 앉은 전굴자세.

가끔은 목까지 차 있던 눈물을 슬며시 뱉어내고 나의 몸에게
샬롬[20]을 건넨다.

이제 두 다리를 벌려 먼저 오른쪽으로 깊게 숙인다.
왼팔을 올려 오른쪽 발을 잡고 천천히 호흡.
파리브리타 우파비스타 코나아사나, 앉아서 옆으로 쭉 뻗은
자세.
K 님 깊게 숨쉬세요. 오른쪽 발끝을 천장으로 향하고 무릎
뒤 오금을 펴세요.
난 내 이름이 그분에게 불리울 때 은근한 희열을 느낀다.
저 분은 저 멀리서도 나를 보고 있구나.
그 응시와 관심을 내 오라에 받으며 지금 여기의 돌봄을
느낀다. 마치 어린애처럼.
잠시 눈을 감고서 주위를 상상으로 둘러보면 어떤 고대의
신전 같은, 돌로 된 돔 같은 원형 천장, 갈대로 엮은 요람에
누워 손가락 발가락 빨며 바라보는 그 원형 천장.
하늘을 감싸고 있는 여신, 누트[21]여.

다음은 아도무카스바나아사나, 일명 다운독 자세이다.
발 뒤꿈치를 땅에 닿게 하고 양팔을 앞으로 쭉 뻗어 두 손을
매트에 대고 얼굴을 아래로 하여 어깨를 깊게 스트레칭
한다.
그 분은 또 내게 사랑을 붓는다.
K 님, 손가락을 최대한 벌려 많은 면적이 매트에 닿게
하세요. 지금 왼손 새끼손가락이 떠 있어요. 매트에 꾹꾹

---

[20] 샬롬: 히브리어로 '평화'를 뜻하며, 조화롭고 온전한 상태를
기원하는 말이다.
[21] 누트: 고대 이집트 신화의 하늘 여신으로, 별로 뒤덮인 몸으로 온
세상을 감싸는 우주적 여신이다.

누르세요.
난 그 지시대로 취해보지만, 이번엔 문제의 그 손가락이
아프다. 그러나 난 계속 유지한다. 그분의 지시는 허투루
하는 게 하나도 없다는 것을 알기 때문이다.
그렇지, 이렇게 하면 새끼손가락과 그 부위에 힘이 생기지.
암만 아멘[22].

이제 내가 좋아하는 부장가아사나, 코브라자세.
일단계에서는 다리를 넓게 벌리고 두 팔을 얼굴 옆에 갖다
대고 시작한다.
뱀처럼 상체를 들어올린다.
그리고 1분 유지.
다음 단계로 깊어질수록 난 실제 코브라에 이입되어 가슴과
목을 곧추세우고 고개를 뒤로 젖힌다.
나의 초보 실력을 남과 비교할 시간이 없다.
몰입, 또 몰입.
아마도 난 고대 이전 언젠가 뱀이었을 수도 있다.
카르티에 전시관의 그 뱀목걸이처럼 난 단단하지만
유연하게 내 몸을 변형시킨다.
일년에 한번씩 허물도 벗겠지.
요가의 신 비슈누[23]여.

할라아사나, 쟁기자세 차례이다.
이 자세는 할 때마다 발성부터 한라산을 떠올리게 한다.
안개에 가려져 신령한 때도 있지만, 정상을 드러내어

---

[22] 아멘: 히브리어로, 기도나 진술의 끝에서 진실함과 동의를 담아
'그대로 이루어지기를' 뜻하는 말이다.
[23] 비슈누: 힌두교의 보존과 자비의 신으로, 세상의 질서를 유지하고
혼돈을 막는다.

노출신을 연출할 때의 오히려 신비스러움.
그 역설의 한라산을 난 운 좋게 마주하며 살고있다.
들이쉬고 내쉬며, 한라산의 설문대할망[24]에게 감사의 절을 역의 자세로 보낸다.
크고 설운 마고[25]여.

마지막으로 사바아사나, 시체자세.
어느새 70 분이 지나고 난 다시 죽는다.
고대의 성전에서 잠시 몸의 환영을 따라 느리고 깊게 춤춘 후, 나는 잠시 죽는다.
다시 일상을 살기 위하여.
인샬라[26].

---

[24] 설문대할망: 제주신화의 창조 여신으로, 산과 바다를 만들었다.
[25] 마고: 동아시아 전통의 태초의 여신으로, 자연과 우주의 어머니이다.
[26] 인샬라: '신이 원하신다면'이라는 아랍어로, 인간의 미래를 신의 뜻에 맡기는 겸허한 표현이다.

소리

눈에 보이지 않지만 중요한 것, 그리고 분명히 존재하는 것.
공기가 있어야만 들을 수 있는, 지구에서만 가능한 경험,
소리.
그 소리에 반응하는 나, 내 안의 감각이 살아나는 순간들.

오전에는 새소리, 바람소리, 파도소리에 둘러싸였다면
늦은 오후에는 날씨가 흐려지더니, 곧 비가 쏟아진다.
잠시 후, 천둥소리 – 번개는 조금 전쯤 쳤겠지.

봄비에 우산 쓰고 거리를 쏘다니던 시절,
그땐 우산에 떨어지는 빗소리가 좋았다. 빗방울이 우산에
듣는 소리.
주위의 소음을 상쇄해 준다.

또 한 번, 옅게 천둥이 친다. 우르~광.
아파트 뒤 베란다에서 들리는
양철 배관에 부딪히는 빗소리, 빗방울이 불규칙하게 양철에
듣는 소리.
그 소리에 나는 미소 짓는다.

아침저녁으로 바뀌는 제주 날씨가
변덕스런 내 마음 같기도 해서, 또 피식 웃는다.

이런 소리들은
우주에서, 오직 지구에서만 들을 수 있는 것들일테다.
소리는 공기가 있어야 전해지니까.

만약 내가 지구를 떠난다면
그리울 것은 단 하나, 이런 소리들일 것이다.
그 소리에 반응하는 내 몸의 감각이 그리울 것이다.

사랑하는 이들의 목소리, 마음 한켠이 아려오는 소리들.
싱잉볼 소리, 아스라히 뭔가를 동경하게 하는 소리들.
이런저런 잡소리, 머리를 복잡하게 만드는 소리들.
그리고 오늘,
빗소리와 천둥소리처럼
내 얼굴에 미소를 머금게 하는 소리들.

아름다움
- 나태주 시인의 시를 읽다

십여 년 전, 아직도 세상의 반쯤을 삐딱하게 보던
시절이었다.
강남대로 버스 안에서 본 저 문구, 교보문고 빌딩 벽면에
큼지막하게 붙어 있던 플랭카드의 글귀.
자세히 보아야 ○○○, 오래 보아야 ○○○○○.
하지만 이미 그 뒷문구인 "예쁘다", "사랑스럽다"는 내
뇌리에서 사라졌다. 그리고 삐뚤어졌다.
자세히? 그것도 오래? 보아야만 비로소? 의미를?
흥…!!

지난주, 나는 봄맞이 분갈이를 했다. 분갈이 직후, '예뻐
죽겠는' 이 식물에게 나는 이름을 지어주었다.
댄싱 걸, 춤추는 소녀.
그동안 매일 아침마다 그녀 앞에 바짝 의자를 끌어다 두고,
몇 분 동안 들여다 보았다. 그 초록초록한 빛깔과
생기발랄한 기운을 내 오라에 흠뻑 받아들였다. 내 에너지를
마음껏 가져가라며, 두 팔을 활짝 벌렸다.

오늘 아침, 그 식물을 다시 들여다보며 나는 골똘히
사색한다.

나는 왜 너를 예쁘다고 여기는가.
왜 사람들은 아름다움에 끌리는가.
그 아름다움은 주관적인가.
아름다움을 느끼지 못하는 사람도 있는가.
그 뻔한 질문들을 되뇌며, 나의 경험을 곱씹었다.

그 식물을 분갈이하던 순간의 감각이 되살아난다. 나는
맨손으로 그 뿌리를 만졌고, 일부를 잘라냈고, 오래된 흙을
털어냈다.
새로 주문한 더 큰 화분에 곱게 세워, 고운 새 흙을 부어 꾹꾹
눌러주었다. 지금도 내 손끝엔 그 감각이 선명하다.
  딱딱한 뿌리, 잔뿌리, 마른 옛 흙.
  아주 열심히 몰입하던 내 몸.
  부드럽지만 빠른 손놀림.
  밭일하듯 엎드렸던 내 자세.
그리고 분갈이가 끝날 때까지 묵묵히 참고 견디던 그
식물의 인내. 아마 아기가 목욕을 끝내고 몸과 머리를
말리는 순간을 견디는 것처럼.

이 경험, 내 몸과 마음을 가득 채우는 어떤 것을 나는
'아름다움'이라 부를 것이다. 단지 결과물만이 아니라, 그
과정에서, 관계를 맺어가는 그 순간들이야말로 '미(美)'의
영역일 것이다.

오늘, 다시 나태주 시인의 시를 읽는다. 나의 반려식물과의
경험에서 느끼는 그 사랑을 나는 온전히 그 시들에 투사하고
있다.

그리고 지금, 이 글을 쓰고 있는 이 순간 역시,
나에게는 아름답다.

덧붙임
두 달 전에 분갈이한 그 식물, 이름하여 '댄싱 걸'이 지금까지
새 잎을 7개나 내었다. 그 중 2개는 며칠 전 발견하였는데,
정말 귀엽고 앙증맞다.
우리는 왜 여리고 갓나온 새싹에게 끌리는가.
동물이나 사람에게도 마찬가지이다.
갓난아기, 꼬물이, 핏덩이 등등의 이름으로 우리에게 온 새
생명들. 우리는 그들을 사랑하고 보호하고 보듬어주려고
한다, 본능적으로.
그러나 다른 한편, 그들이 우리를 사랑하고 지켜주고 자신의
에너지를 나눠주기도 한다.
마치 삶의 의미를 잃어버려 무기력하고 공허한 우리들에게
'살라'고 '살아내라'고 오히려 격려한다고나 할까.
아마도 우리 깊은 내면에 감추어진 불씨를 점화시키는,
'미러링'일 것이다.

고통미

3월 초였다. 2025년 봄의 입구에서, 나는 다시 『소년이 온다』를 집어 들었다. 8년 전에는 읽어 내려가는 것이 너무 아파서, 눈으로만 훑고 덮어버렸던 책이다.
그런데 지금은 시대가 시대인 만큼[27], 민족의 아픔을 제대로 느껴야 한다는 어떤 '사명감' 같은 것에 이끌렸다. 이 책을 끝까지 읽는 일이, 지금 내가 할 수 있는 일 중 하나라고 여겨졌다.
책을 다 읽은 날, 나는 메모장을 꺼내 짤막한 글을 남겼다. 그 메모는 문장부호 없이 썼다.
고통을 다시 들여다보는 일이 너무도 벅차서, 말 사이에 숨을 넣을 여유도 없었다. 마치 울듯이, 터뜨리듯이 썼다.
이제 그 메모를 그대로 옮겨 놓는다.
내 마음이 그때 어떻게 울고 있었는지를 담고 있다.

소년이 온다의 마지막 챕터를 읽고
상처를 들여다 본다는 것은 이렇게 아프다 고통스럽다
마지막 챕터는 특히 더 감정이 이입된다 아마 자식을 잃은

---

[27] 2024년 겨울, 계엄령 선포와 해제, 이어지는 정치 혼란 속에서 사람들은 다시금 "국가란 무엇인가", "우리는 누구였는가"를 묻기 시작했다. 계절이 바뀌어 봄이 왔지만, 여전히 내란은 종식되지 않았고 사회적 불안과 경제적 위기는 계속되었다. 『소년이 온다』는 그 물음의 중심에 있는 듯했다.

어미의 심정 때문일 것이다 맘껏 울고 울고 있는 나 자신을
보면서 이기적인 마음으로 울고 있다는 것을 알아차리고 또
운다 요 며칠동안 몸이 실제로 아팠던 것이 이 책을 읽어서
그렇다고 오늘 아침 진단했기 때문이다 그래서 서둘러
끝내려고 직장임에도 불구하고 마지막 장을 읽었다 그러자
눈물이 그동안 질금거렸던 눈물이 터져 나온다 어찌 할거나
이런 역사를 갖고 있는 걸 아니 우리나라뿐만 아니라 지구
역사가 그런 걸 그것이 인간의 본성의 한 면인 걸 잔인하고
슬프고 짐승 같고 분노하고 그리고 맥없이 죽음을 기다리는
걸 이 본성들에 화나고 좌절하고 실의에 차 있고
무기력해지고 이런 것들을 이제는 놓을 수 있는가 미래는
없다 지금 여기에서 과거와 미래가 함께 뒤범벅되어 현실을
창조할 뿐이다 나는 무엇인가 우리는 누구인가 또 인류는
어떠한가 거창한 물음을 주는 이 책을 사랑하지 않을 수
없다 고통과 슬픔 잔인과 분노 인간 이하의 취급을 당하는
수치와 적개심 모든 것을 버무려 한 책에서 극명하게
보여주는 현실 나는 왜 이것을 고통미라 부르는가 이
울음과 이 아픔이 나에게 모종의 쾌락을 주는가 어쨌든 이
책으로 인해 분노하고 슬퍼하고 시대의 아픔을 깨우는 것이
이 책의 목적이라면 충분히 제대로 반응한 나에게 칭찬을
주는 건가 다시 이기적으로 이 책의 마무리를 통해서 그
고통을 훌훌 털길 바란다 고통미를 맘껏 음미했으니 일상을
살 수 있길 바란다 다시 나의 모토로 빨리 돌아가길 바란다
이것을 회복탄력성이라고 하나 뭐든지 현실적인 희망에
다시 도전하길 바란다 그럼에도 불구하고 삶은 계속된다

이 메모는 일종의 통과의례이었다.
나는 그날 이후 며칠을 앓았다. 몸이 아팠고, 마음도
가라앉았다.

하지만 이상하게도, 그 무너짐 끝자락에서 미세한 회복이
시작되었다.
분노와 슬픔을 뚫고 지나간 자리에 남은 건, 이 시대를
살아가는 우리가 서로에게 얼마나 귀한 존재인가 하는 자각,
그리고 어떻게든 살아내야 한다는 다짐이었다.
눈물은 멈췄고, 숨은 다시 고르게 쉬어졌다. 그리고 나는
다시 일상을 살기 시작했다. 그 고통을, 사랑처럼 오래
기억하겠지만.

그 고통에도 불구하고,
아니 어쩌면 그 고통 덕분에,
조금 더 정직하게, 조금 더 탄탄하게,
다시 살아갈 수 있겠지.

- 자연 속으로

대화

i.

나는 나 혼자 있는 시간에도 거의 늘 대화하고 있었음을 알아차린다. 혼잣말이라기보다, 내면의 누군가와 이어지는 대화이다.

오늘 아침 곶자왈을 걸을 때도 그랬다. 어제 끝낸 소설[28] 속 등장인물, 그리고 그 작가와 대화한다.
나이(여주인공), 너는 입양돼 프랑스에 살면서, 좋은 부모 밑에서 고등교육까지 받고 살았지. 그런데도 마음이 계속 공허했니. 상실감 속에서 방황했니.
그걸 사드-마조 플레이로 해소가 되디.
작가에게도 말을 건다.
소설을 쓰려면 먼저 스토리가 탄탄해야 합니까.
하루하루 써 내려가는 시간이 고독이라고 말씀하셨는데, 견딜 만했습니까. 아니, 즐길 만했습니까.

몇 분을 걷다가, 지금 여기 이 순간에 집중해 본다.
새들의 소리, 너희의 지저귐을 내가 듣고 있단다.
오늘은 흙냄새가 진하군. 나뭇잎 냄새도 평소보다 선명해.

---

[28] 『새로운 인생』, 백상현 저.

바람이 없으니 바닥의 돌들에 좀 더 주의를 줄 수 있어.
하나하나 다 같은 듯하지만, 다 다른 놈들이겠지 너희는.

그러다 누군가가 나를 응시함을 느낀다.
나뭇잎 사이로 흘러드는 햇빛일 수도 있고, 잠시 나의 귀를
사로잡고 나를 좇는 몇 마리 새들일 수도 있다.
아니면 딸내미가 어릴 적 말했던 평행우주의 또 다른 나일
수도 있고, 자연에 편재해 있는 신일 수도 있겠다.
혹은 친구가 말하는 트루셀프일 수도…

슬슬 배가 고파옴이 감지된다.
새들아, 너희는 무얼 먹고 사니.
나무들의 열매, 땅속의 지렁이, 숲 속의 벌레들, 그런
것들이겠지.
나무들아, 너희는 무얼 먹니.
햇빛 쏟아지는 날엔 햇빛일 테고, 비 오는 날엔 빗물이겠지.
오늘도 산책을 끝내면 베이커리에 가서 크랩샌드위치와
카페라테를 먹어볼까.
아니면 맛난 김밥집에 들러 볼까.

이렇게 내면에서 떠오르는 상념은 대화의 형식으로 말을
건다. 그러나 뚜렷한 대답, 그 질문에 딱 들어맞는 응답이
오지는 않는다.
어떤 때는 모호하게, 어떤 때는 이미지로, 또 어떤 때는 내
상념 속 말들이 어디선가 흩어져 사라진다.
나의 내면의 실재계는 상징계의 언어로는 포착되지
않는다[29]. 만약 내면의 '도'가 말로 표현된다면, 그것은 더

---

[29] 라캉의 상징계, 실재계, 상상계_백상현교수의_일요특강_LPI
정신분석상담&교육, 백상현의_정신분석 & 인문학.

이상 도가 아니다[30]. 그것은 이름을 거부하고, 언어를 비껴 흐른다.
그러니 나의 내면은 더욱 신비로울 테다.

곶자왈의 숨겨진 내밀한 곳을 내가 다 알진 못하지만,
지난주 눈이 마주친 노루는 알 거다.
나를 좇던 몇 마리 새들도, 나뭇잎을 간지르는 햇빛도
대체로 알 테다.
심지어 보이지 않는 실로 서로 연결된 땅바닥의 돌들,
나무뿌리들, 그들은 속속들이 알 테다.

ii.

방학 중 떨어져 있던 나를 그리워하며, 그녀는 내게 한 편의 시를 건넸다.
시를 받아 들고 나는, 마치 오래 기다린 편지를 읽는 듯했다.
그 시를 통해 나는 내 마음 속 대화를 들여다보게 되었고, 그 시를 통해 나는, 나를 향한 그녀의 마음의 결을 더듬었다.
나의 몸에 그리고 그녀의 몸에 각인되었을 그 감각을 지금 다시 더듬는다.

〈대화〉

떠다니는 수많은 말
끊임없이 인내하는 가쁜 호흡

---

[30] 노자, 도덕경, 道可道非常道(도가도비상도)

보듬고 토해내고 쓸어 내어도
머리카락 엉키 듯 날 선 마음을 잊을 새가 없습니다

창을 스치는 동글한 바람
마지막 가슴 내어주며, 뜰 때와 같이
뜨거운 기쁨 깊숙이 등에 업고
공기조차 멈춰진 시간의 틈을 지날 때

맑은 찻물 —
난꽃향내 나는 당신과의 대화는
늘 그리운 세월 켜켜이 앉은
오래된 돌탑 같습니다

오늘도 아련히 돌아
탑 어느 상층 그곳에
세상 굽어 앉아 오랜만에 만난 평안처럼
담담히 또 고요히
별을 안고 갑니다

한창 우리가 우정을 나누던 때에, 그녀는 가끔 자신의
감정을 글로 묶어 건넸다. 그녀의 결대로, 글은
단정하면서도 섬세했고, 복잡하면서도 다정했다. 나는 그
따뜻한 결을 따라 천천히 스며들었다.

그녀는 방학 중 학회에 참석하며 긴장된 순간들을 홀로
인내하고 있었다. 그 학회가 마치는 날, 나는 문득 뜻밖처럼
나타났고, 그녀는 쏟아내듯 감정을 꺼냈다.
시 속의 '가쁜 호흡'과 '날 선 마음'은 그때 그녀의 감정의

잔재였고, 나는 조용히 듣고, 바라보고, 함께 머물렀다.
그리움과 반가움, 그리고 그녀 안에 맴돌던 지적 탐구는
그렇게 하나의 대화로 녹아내렸다.

'난꽃향내 나는 당신과의 대화'라는 표현 앞에 나는 잠시
멈췄다. 말이 향기를 가진다는 것, 말이 피어난다는 것.
그것은 우리 사이의 언어가 단순한 말이 아니라, 기억의
결로 번져나가는 꽃잎향기 같다는 느낌일테다.

그녀는 또한 우리의 대화를 '오래된 돌탑'에 비유했다.
쌓아온 세월, 켜켜이 얹힌 말들, 그리고 그 위에 내려앉은
평온까지… 이것은 오래된 그리움을 자아낸다.

오늘 다시 이 시를 읽으며, 나는 그날의 장면을 되짚는다.
교실 통창 너머 석양이 스며들고, 우리는 따뜻한 찻물처럼
맑은 대화를 나누었다.
그 시간은 고요했고, 담담했고, 정말로 공기조차 멈춘 것만
같았다. 고즈넉한 시공간 속의 은은한 웅얼거림, 잔잔한
고대의 향기…

나의 몸에 그리고 그녀의 몸에 각인되었을 그 감각을,
따뜻하고 밝은 에너지가 우리가 있던 공간에 가득했던 그
순간을, 누구도 건드리거나 훼손할 수 없는 그 장면을,
난 이 글 속에 저장한다. 그리고 봉인한다.

그녀의 언어로 담담히 풀어낸 그 평온은 오늘도 나에게
고요한 별을 안겨준다.
나는 그 시를 통해 그녀의 사랑을 읽고,
이 글을 통해 나의 경탄을 되돌려 보낸다.

곶자왈의 '플러팅'
 - *2024년 봄, 제주*

오늘 곶자왈 산책길에서는 글감 '플러팅'이라는 단어가 나를 따라다닌다.
봄기운 완연한 숲의 공기 속을 걷다 보니, 이 단어를 글로 옮기고 싶은 충동이 밀려온다.
머릿속에서 문장들이 뭉실뭉실 피어나고, 나는 어느새 산책과 글쓰기의 경계 언저리에서 걷고 있다.

어제는 비가 내려 미뤘던 곶자왈 산책, 오늘은 완연한 봄날씨. 따뜻하고 호젓하고 평온한 길을 걷지만, 내 머리에는 '플러팅'이라는 단어가 끊임없이 맴돈다.

조지프 캠벨에 따르면, 지난 5000년의 인류 역사 이전에, 지금과는 전혀 다른, 여신의 시대, 여성의 생명력을 가장 중요시하던 시대가 존재했다고 한다[31].
기원전 5000년경, 모계 중심의 공동체, 혹은 남녀가

---

[31] 조지프 캠벨, 『여신들: 여신은 어떻게 우리에게 잊혔는가』, 기원전 3만년부터 1만년까지의 구석기시대와 그 이후 기원전 3천년까지의 신석기시대를 배경으로, 자연과 생명의 원천으로서 여신과 여성의 상징성을 책 전반에 걸쳐 다룬다.

평등하게 살아가던 시절. 나는 문득 그 시절의 어느 나이든 여인에 빙의해 본다. 곶자왈의 숲은 이런 상상을 한층 더 풍요롭게 만든다.

새들도 동물들도 서로를 유혹하고 나름의 의식을 통해 짝짓기를 한다. 나는 그 과정을 '플러팅'이라 부르고 싶다. 인간도 다르지 않았을 것이다. 10 대의 소년과 소녀들은 그들 무리 안에서, 자연스럽고 당당하게 그 과정을 배워가고 겪었을 것이다.
오늘 같이 따뜻한 봄날, 소녀들은 무리 속에서 서로 깔깔대며 웃고, 옆 무리의 소년들을 힐끔거린다. 몸을 배배 꼬며 웃고, 수줍게 머리카락을 넘긴다. 소년들은 서로 장난을 치고 몸을 부딪치며 소녀들의 응시를 즐긴다. 그러다 한두 명씩 무리에서 빠져나와 숲으로 들어간다.

그 모습을 지켜보는 나는, 할머니이자 족장이자 지혜로운 여성이다. 누가 누구와 들어갔는지, 숲속에서 무슨 일이 벌어질지 훤히 알 수 있다. 그러나 간섭하지 않는다. 그저 그들이 귀엽고, 자연이 그들을 품어 주길 바랄 뿐이다. 자연은 때론 무자비하니까.

숲 한가운데 있는 데크에서 잠시 쉬는 와중에, 문득 '도화'라는 단어가 떠오른다. 명리에서 말하는 도화살. 예전엔 요염한 기운으로만 해석되었지만, 요즘은 다르게 본다. 도화를 가진 사람은 무리 안에서 분위기를 부드럽게 만드는 사람이다. 말투와 몸짓이 자연스럽게 매력적이고, 친절하고, 상냥하다. 마치 사람 사이의 윤활유와 같은 존재처럼.

조금 더 걸으니 새들이 재잘댄다. 말싸움 같기도 하고, 오래된 부부의 대화 같기도 하다. 연애 시절의 달콤한 속삭임이, 결혼 후엔 재잘거림이 되고, 결국 잔소리가 된다. 그래도 그 안에는 여전히 '너와 나 사이'의 끌림이 살아 있지 않은가.

플러팅이든, 도화이든, 끼부림이든, 결국 이것은 사람과 사람 사이에서 일어나는 끌림, 호르몬과 마그네티즘의 반응일 것이다. 나는 그 끌림과 반응이 인간관계 일반으로 확장되기를 바란다. 연애가 아니어도 좋다. 우리 모두가 서로를 향해 조금 더 친절하고 부드럽게, 마치 '너 아니면 안 된다'는 듯 서로 소중히 여기며 다가가면 좋겠다.

그리고 나는 느낀다.
젊은 세대 안에서, 이 따뜻한 진동은 이미 저변 깊숙이 퍼져가고 있다는 것을.

돌

자연과 접속하는 일은 귀를 기울이는 일이다.
말하지 않는 존재들의 언어에, 침묵 속의 떨림에 마음을 열 때, 비로소 그들은 말을 건넨다.

저이가 제주에 와서 나를 보자마자 감탄한다. 첫눈에 반한 눈치다.
너희는 온통 새까맣게 해변을 메우고 있구나. 바람이 숭숭 드나들 것 같이 구멍이 나 있네. 그리고 삐뚤삐뚤해, 흐흐, 멋져.
어떤 이는 나를 시커멓고 못생겼다고 대놓고 말한 적도 있다. 그러나 저이는 달랐다. 그래서 매력적이라고 한다. 새까맣고 엉성하고 못생겨서.
그러고는 또 덧붙인다.

한라산이 언제 폭발했더라. 그 이후부터 너희는 쭉 목격했겠구나.

어, 저이는 우리를 잘 알고 있네! 우리의 역사를 꿰뚫고 있네!
동물과 식물이 어떻게 살아가는지, 죽어가는지.

사람들이 언제 육지로 떠나는지, 육지에서 밀려들어오는지,
어떻게 서로 싸우는지, 죽이는지, 피 흘리는지.
그래, 난 모든 걸 봤지.
검은색은 모든 색을 흡수하잖아. 난 그들의 피와 땀, 주검과
한을 모두 다 받아 안지.

어느 날은 저이가 작은 돌 몇 개를 주워 갔다.
우리 돌들은 텔레파시로 다 연결되어 있으니, 그 작은
돌들이 어디서 어떻게 지내는지 나는 다 안다.
저이의 집, 거실 텔레비전 옆 유리병에 곱게 놓인 돌들.

그들은 저이가 속삭이던 말을 내게 전한다.
아, 내가 너희들의 언어를 알 수만 있다면,
깊고 고요한 너희들의 마음을 배울 수만 있다면…

주말의 색깔

핑크로 깔맞춤을 하고 아침 댓바람부터 나섰다.
약속 시간까지 30분이 남아, 이호테우해변까지 드라이브를
간다.

벚꽃의 베이비 핑크.
만개하기 시작한 벚나무의 색깔, 이것만으로도 가슴이
따뜻해지고 봄의 설렘이 가득 찬다.

소나무 가로수의 다크 그린.
제주 곳곳에 이런 소나무 가로수가 있는데, 여기도 그렇다.
몇 년 전 갔던 교토가 떠오른다. 그곳도 소나무 가로수가
인상적이었다. 거리엔 절제와 절개가 흐르고, 차분한
단정함이 있었다.
여기선 베이비 핑크와 어우러져 그 절제미가 더 도드라진다.

곧 도착한 이호해변의 오션 블루.
스카이 블루와 그라디에이션을 이루다가, 바다 한가운데
절정의 오션 블루.
점점 옅어지며 터콰이즈 블루로 사그라진다.

근처 카페에서 에귤타르트와 아메리카노를 주문한다.
야외 벤치에 앉아 햇살을 얼굴로 받아내고, 짙은 브라운의
아메리카노 한 모금.

이 모든 색깔들은 태양이 없다면 나투어지지 않았을
것들이다.

   살갗에 닿는 싱그러운 바람.
   입안에 퍼지는 달콤함과 쌉쓸함.
   공복을 해결해주는 내장감,
   나는 그것을 '육감'이라 부른다.

파도 소리, 새 소리, 바람 소리가 어우러져
내 주위 20 미터 내외의 모든 것을 선명하게 만든다.

오감을 만족시키고 육감까지 충족되자
곧 약속 시간이 다가온다.

그때까지 느낀 충만함, 단 7 분.
7 분간의 쾌락은 선명한 색깔로 시작되었다-고 할 수 있다.

사랑의 순간, 짝짓기

사랑은 곧 짝짓기일까?
어느 다큐 프로그램의 한 장면에서, 나는 한동안 화면을
멍하니 바라봤다.
'코끼리의 비밀'이라는 이름의 다큐멘터리였다.

14세 청소년 수컷 코끼리가 무리를 떠나는 모습이 나왔다.
할머니, 엄마, 암컷형제, 어린 수컷들로만 구성된 가족 무리.
그 무리를, 수컷은 스스로 떠난다. 누구도 붙잡지 않는다.
그저 사막 위로 뚜벅뚜벅 걸어 나갈 뿐이다.

물을 찾아, 먹이를 찾아, 그리고 자신과 같은 처지의 수컷
무리를 찾아.
어쩌면 언젠가는, 단 한 마리의 암컷과 마주치게 될지
모른다.
그에게는 그 만남이 곧 사랑일 것이다. 짝짓기를 통해
후손을 남기는 것, 그것이 그의 생애에 단 한 번 찾아올지도
모를 성공이다.

그런데 확률은 참담했다.
수컷 코끼리가 평생 짝짓기를 할 확률은 5-10%, 수컷
사자는 1-5%.

조류는 50% 이상이라지만, 전체 동물 세계를 평균
내어보면, 수컷이 평생 짝짓기를 할 확률은 30%에
불과하다.
다시 말해, 70%는 생애 단 한 번의 사랑조차 경험하지 못한
채 생을 마감한다는 뜻이다.

반면 암컷들은 대부분 짝짓기를 하고, 새끼를 낳고, 양육을
한다. 특히 포유류 암컷들은 무조건적 사랑을 본능처럼
수행한다. 그녀들에게 사랑은 기다려야 할 기회가 아니라,
'지금 여기에서' 해야만 하는 책임에 가깝다.
물론, 일개미처럼 번식과는 무관한 예외도 있지만.

다시 코끼리 이야기로 돌아가 보자.
14세 수컷이 떠나는 장면에서, 나는 예상치 못한 감정과
마주쳤다.
연민.
그는 아무도 없는 사막을 외롭게 걷는다. 그리고 언젠가
사랑을 위해 누군가와 싸우게 될 것이다. 수컷들끼리 목숨을
걸고. 이기면 암컷을 차지할 수 있고, 지면 다시 혼자가 된다.
사랑을 갖기 위해 피를 흘려야 하다니. 이 얼마나
쓸쓸하면서도 폭력적인 방식인가.

동물의 세계는 그렇다손 치더라도, 인간 세계는 다를까?
우리는 그럴듯한 연애담과 결혼 이야기를 들으며 사랑을
'당연한 것'이라 여기지만, 사실 사랑은 전혀 평등하지 않다.
사랑을 많이 받은 사람과 거의 받아본 적이 없는 사람.
사랑을 쉽게 주는 사람과 끝내 마음을 열지 못하는 사람.
사랑을 성공이라 부르고, 그 실패를 인생의 실패처럼
간주하는 무리들.

폭력과 집착, 이기심을 사랑이라는 이름으로 덧씌워왔던 사회.
그 속에서, 많은 '수컷들'은 그들 각자의 길을 걷는다.
여전히 비틀거리며…

그래서 어쩌면 사랑은 애초에 공평한 것이 아니었는지도 모른다.

그리고 나는,
사막을 걷는 14세 수컷 코끼리의 뒷모습에서,
묵직한 수컷들의 고독을 보았다.

- 사람들 사이에

싯다르타의 먼산
 - *제주의 1월, 깨어나는 마음과 함께*

*해마다 1월은 나에게 동면과도 같다. 아무것도 하지
않으려는 마음, 늦잠, 멍함, 약간의 무기력.
그 안에 잠겨 있다 보면, 어느 순간 다시 의욕이 고개를 든다.
그런 나를 제주의 매화가 늘 먼저 깨운다.*

올해(24년) 제주의 매화는 1월 15일경 만개했다. 평년보다
한 달 반, 작년보다 23일이나 빠른 개화였다.
나의 동면도 예상보다 한 달쯤 일찍 끝난 듯하다. 의욕이
생기고, 일찍 일어나고, 새로운 프로젝트가 시작된다.
모닝페이지, 신화 세미나, 기공 수련이 서서히 루틴을
잡아간다.

그러나 내 마음엔 여전히 그림자가 드리운다. 관계의
어려움이 다시금 도지고, 물질에 대한 욕망이 걱정으로
변신해 불쑥불쑥 찾아온다.
내 마음은 변덕스러운 제주의 날씨를 닮았다.
하루는 잠시 맑다가, 이삼 일은 흐리고 바람이 분다.

오늘 오후, 명리 선생님과 나눈 짧은 대화는 마치 봄의
단비처럼 마음을 적시운다.

신년 운세를 봐야 하지 않을까요?
당신의 운은 대체로 다했지만, 마음을 비우고 욕심을
내려놓으니 불운이 다가와도 이래저래 살짝 지나갑니다.
그냥 이대로 가볍게 사십시오.
하지만 요즘 욕망이 계속 올라옵니다. 더 읽고, 더
배우고, 더 쓰고, 더 묵상하고 싶어요. 다시 꿈이
생긴다고 할까요?
'싯다르타의 먼산'이라고 들어보셨나요? 어느 정도
깨달음의 경지에 다다르면, 다시 새로운 목표가
생깁니다. 홍익인간이라고나 할까요. 주위에 베푸는
것이지요. 그것도 아니면 다음 생을 준비하는 겁니다. 이
생에서 닦은 것이 다음 생에 꽃을 피우는 이치지요.

이 짧은 대화가 나를 건드렸다.
어제 오후부터 오늘 오후까지, 꼬박 24시간 지속되던 약한
신경증 증세가 눈 녹듯 사라진다.

싯다르타의 먼산 – 신년의 '아하 모먼트', 깨우침의
순간이다.

덧붙임
'싯다르타의 먼산'은 명상가나 구도자의 삶에서 종종
이야기되는 어떤 경계선이다.
세속적 갈망을 버리고 수행을 거듭한 끝, 마침내 마음이

고요해지고 욕망이 사라진 것 같을 때, 그 끝에서 다시금
욕망처럼 느껴지는 새로운 갈망이 찾아온다.
하지만 이번엔 성취나 소유를 위한 것이 아니라, 타인을
향한 봉사이거나 더 깊은 생의 깨달음을 위한 갈망이다.
욕망이 아니라 '부름'에 가까운 것.
그 먼산은, 이미 깨달았으나 여전히 살아야 하는 이들이
바라보는 또 다른 차원의 길이다.
나도 모르게 그 산자락 어귀에 서 있는 듯한 느낌이다.

1월의 매화가 나를 일으켜 세웠듯, 어떤 말 한 마디, 어떤
개념 하나가 마음의 흐름을 거둬냈다. 삶의 방향은 분명하게
정해진 건 아니지만, 그럼에도 다시 움직이고 싶은 마음.
이것이 지금의 나를 깨어 있게 한다.

다시 읽고, 다시 쓰고, 다시 걸어간다.
조금 더 가볍고 조금 더 따뜻하게, 저 먼산을 향하여.

리추얼

i.

오늘 저녁 리추얼을 마치고 방금 귀가했다. 동료 간호교사와 보리밥 정식에 제주 막걸리를 곁들이고 들어온 길이다 (물론 난 막걸리 잔에 입술만 갖다 댄다).
언젠가부터 그녀와 나는 각자의 부서에서 받은 스트레스와 긴장을 풀어주는 사이가 되었다.
그 행위 자체가 일종의 리추얼이다.

우리는 단지 순수하게, 아무런 편견 없이, 누구에게도 해를 끼치지 않는 방식으로 서로에게 정화의식을 건넨다.
사전 약속이나 스케줄은 없다. 단지 10분 전 콜?이라는 카톡 메시지에 콜!로 답하면 시작이다.
내가 이 만남을 '리추얼'이라 부르는 이유는, 그녀와의 대화 속에서 어린아이 같은 순수함과 맑음을 마주하기 때문이다.

나는 업무 특성 상, 디테일하게는 묘사할 수 없다. 그러나 그녀는 내가 '어'하고 말하면, '아'하고 찰떡같이 알아 듣는다. 그녀의 것은 오히려 길게 늘어놓아야 이해가 되기 때문에 자신의 이야기를 세부적으로 펼친다. 나는 그녀의 긴 이야기를 들으며, 그녀의 따뜻하고 깨끗한 속마음을 건네받는다.

그렇게 한껏 무겁고 심각했던 일들은 어느새 유쾌한 해프닝이 되고, 우리는 이제 일상의 이야기로 넘어간다. 그러다 보면 싱글의 삶에 대해 또 한 번 찬양을 늘어놓고, 지나간 옛사랑의 그림자를 안주 삼아 씹는다.

그리고는 부랴부랴 숭늉 두 사발을 들이키고, 껌 세 조각을 우걱우걱 씹으며 어두운 시골길을 달려 웃음 속에 헤어진다. 총 2시간 30분의 정화 의식, 우리들만의 리추얼이다.

오늘부터는 이 리추얼에 새로운 항목이 추가되었다. 그녀는 자신을 내려주고 5분 거리인 내 집에 도착하면, 꼭 문자를 달라는 것이다. 그녀의 과잉보호 리추얼은 오늘도 여전하다. 그래서 나는 살짝 조건을 하나 걸었다.
그럼 당신도 오늘부터 자기전 참장공[32] 3분 하시오. 그대의 건강을 위하여!

ii.

비가 흩뿌리고 바람이 분다. 이런 날씨에는 따끈하고 칼칼한 국물이 당긴다. 게다가 스트레스 지수가 높아지는 명절이

---

[32] 참장공: 한동안 내가 기공수련에 심취해 있던 시절, 그때에 자주 하던 기본 자세이다. '참'은 우두커니 선다는 뜻이며, '장'은 기둥을 의미한다. 참장공 자세는 두 발을 어깨 너비로 벌리고, 무릎을 살짝 구부린 상태에서 팔을 앞으로 둥글게 모아 마치 큰 나무 기둥을 안고 서 있는 듯한 자세를 취한다. 이 자세를 유지하며 호흡을 가다듬고 기운을 단전에 모으는 것이 중요하다.

다가온다.
막걸리가 당긴다.

우린 비바람을 헤치고 어둑해지는 날에도 불구하고 20 분을 운전하여 읍내로 향했다. 우리가 좋아하는 곳 못난이식당, 해장국 전문집이다. 이 집을 꺼리는 이유는 단 하나, 주차 문제이다. 이런 날씨에 50 미터 남짓 떨어진 주차장에 차를 대고 걸어서 식당까지 간다는 것은 귀찮은 일이다.

그러나 우리는 감행한다. 이 근처에는 여기만한 칼칼한 식당이 없기 때문이다.
아 근데 이게 무슨 행운인가. 한참 동안 들르지 않은 그 동안에 바로 옆에 공용 주차장이 생겼다!
이런! 뜻이 있는 곳에 길이 있다더니, 아니 하늘은 스스로 돕는 자를 돕는다더니, 이것도 아닌가. 암튼 웬 떡이냐.
우리는 가뿐히 주차를 하고 식당으로 들어선다.

벌써 지역 주민들이 다 차지하고 운 좋게 한 테이블이 남았다. 그녀는 잽싸게 해장국 두 개 주문하고 막걸리를 덧붙인다. 해장국은, 하나는 뼈는 빼고 우거지를 많이 달라고 특별히 부탁한다. 그것은 나를 위한 것이다. 고기를 줄이고 채소를 늘리는 식단, 그리고 입맛도 계속 고기 맛이 멀어지고 있다.

제주막걸리는 제주 맛이 난다. 그녀는 며칠 전 막걸리를 흔들어 따다가 넘쳐흐른 경험이 있기에 오늘은 가급적 얌전히 흔들고 뚜껑을 딴다. 성공이다.
먼저 나온 밑반찬; 깍두기, 생겉절이 김치, 어묵볶음, 콩나물무침, 무나물볶음.

이것들로 우선 막걸리 한입 입가심을 하고서, 오늘 수다의 주제를 가볍게 던진다.

드디어 나오는 해장국.
보골보골 끓는 뚝배기, 듬뿍 들어간 들깨가루,
얼른 숟가락으로 호호불며 한 입.
캬~ 세상은 이런 맛으로 사는 거지!!

그녀에겐 특별히 뼈가 세 덩이이다. 난 조금 망설이다가 가장 작은 한덩이를 요청한다. 그리고 나의 우거지를 크게 두 젓가락으로 교환한다.

이 집 해장국의 우거지는 특별나다. 전통적으로 데쳐서 말리는 질긴 무 잎이 아니라, 갓 생산한 어린 배추를 삶아 사용한다. 그래서 더 부드럽고 고소하다.
그렇다고 이것이 월등히 좋다고만은 할 수 없다. 묵은 우거지도 그런대로 맛이 있으니. 2:8 정도로 섞어 쓰는 가보다.
또 한입 짠~
서빙하는 눈이 동그란 아저씨, 아니 청년, 아니 주인장이 다 비어가는 밑반찬 접시를 채워준다.
어묵볶음, 콩나물무침, 무나물볶음이다.

그녀는 나의 딸의 안부를 묻는다. 걔가 무나물볶음을 좋아하는 것을 알기 때문이다.
딸아이는 그녀의 충고대로 일찍 조치한 덕분으로 대상포진을 무사히 마무리했고, 비타민 C 와 D 를 주문했다고 감사의 마음으로 보고한다.

쌀쌀하고 을씨년스런 몸과 마음이, 해장국 한 그릇과 정겨운 읍내 식당 분위기에 녹아내린다.

따뜻하고 느슨한 취기가 오른다.

탐문

직장 동료가 들려준 네 가지 질문이다.
처음엔 단순한 아이스브레이크 같았다. 하지만 시간이
지날수록, 이 질문들은 내 안을 천천히 파고들었다.
마치 나에 대한 가벼운 탐문이, 생의 심층을 비추는
열쇠처럼.

  1. 친한 친구나 파트너는 나에 대해 어떻게 말할까.
  2. 나의 직장 상사 또는 라인 매니저는?
  3. 학생이나 내담자들은?
  4. 그리고 나는, 나를 어떻게 보고 있을까.

정말 훌륭한 오프닝이다.
자신에 대한 탐문의 기본 틀이라고 해도 과하지 않다.

요즘 나는 별자리를 공부하며, 출생 차트 읽는 법을 배우고
있다.
나의 상승점은 사자자리이다.
상승점이란, 막 태어났을 때 세상이 나를 처음 알아본
방식이다. 타인에게 비치는 첫인상, 평생을 관통하는 외면의
기운인 셈이다.
사자자리는 태양의 기운을 품고 있다.

동료들과 가끔 첫인상에 대해 이야기할 때, '조그만 몸에서
풍겨 나오는 카리스마'라는 말을 듣곤 했다.
그 말이 나올 때마다 나는 손사래를 쳤다. 이렇게 속은
여리고, 상처 많은 내가 무슨 카리스마이냐며. 하지만 한
걸음 떨어져 내 인생 전체를 바라보면, 어쩌면 그런 면이
있었을 수도 있겠다. 반면, '카리스마'라는 본래적인 의미가
변색되어 자기주장이 강하고 과도한 열정을 가진 사람을
빗대어 하는 말이기도 할까. 경상도 말투나 지시적인 어법,
이것은 가족들에게 자주 듣는 피드백이다.

달은 내면과 감정, 무의식을 비춘다.
나의 달은 물고기자리이다.
감정 이입과 공감에 능하고, 타인의 감정을 빠르게 읽어내는
눈치를 지녔다고 한다. 작은 말에도 쉽게 상처받고,
인간관계로 인한 스트레스도 깊다.
지배 행성인 해왕성의 영향으로, 보이지 않는 것들에 대한
예민한 감각, 육감 같은 것이 발달할 수 있다는데…
그래서일까. 다차원에 대한 흥미, 신비로운 존재에 대한
끌림, 환상에 익숙한 나.

그리고 태양의 행성이 머무는 곳은, 사수자리이다.
비범하고 차원 높은 도사형 스타일이라고 한다. 내면 깊은
곳에는 비통함과 고통이 잠겨 있지만, 높은 하늘을 꿈꾸며
고상함을 향해 나아가려는 사람.
『신화와 점성학』이 그렇게 말한다.
이것이, 별자리를 통해 본 나에 대한 탐문이다.

질문을 건넨 동료는 내 대답을 이렇게 요약했다.
  태양의 기운을 지닌 사람,

마스터를 추구하는 사람,
함께 있으면 편안한 사람,
스스로는 흔들리면서도 높은 이상을 놓지 않는 사람.
그는 덧붙였다. 며칠 전 일로 인한 스트레스로 조금 일찍 퇴근하는 나를 보며, 스스로를 돌볼 줄 아는 사람이라고 느꼈다고.
나는 당신에게서 많이 배워요. 사랑해요.
그렇게 말했다.
나에게는 과분한 말이다.

아직도 감정 센터[33]는 조용히 작동 중이다.
이 아침, 나를 달래며 써 내려간 모닝 페이지의 글이다.
남은 3월 2주 동안, 내일도 모레도, 이 탐문은 계속될 것이다.
쓰며 나를 구슬리고, 쓰며 다시 나를 알아가는 방식으로.
- 2024년 봄의 기록.

여전히, 내 안에 살아 있는 탐문,
그 묵상은 오늘도 계속된다.

---

[33] 각주 1 참조.

노리매 공원
– 베프 국어선생의 시선으로 본 K

나는 K 선생님의 동료이자, 그분을 사적으로도 좋아하는 국어 선생이다.
봄볕이 찬란히 비치는 토요일 아침 난 그분이 포함된 그룹 채팅방에 메시지를 보낸다.
오늘 오전에 노리매 공원에 같이 가실 분?
그분은 바로 답장 한다.
오, 좋아요 언제?
나의 두 살배기 딸과 나, K, 이렇게 세 세대의 번개팅이 잡혔다. 우리는 어제도 번개팅을 하였는데 그때에 딸아이는 그분을 할머니라고 불렀다. 그분은 할머니라는 호칭을 좋아하지는 않지만, 그동안 쌀쌀맞기만 했던 딸아이가 정말 마음을 열고 살갑게 대했기 때문에 흔쾌히 그 호칭을 받아들이셨다. 외할머니와 이미지가 비슷한 게 이유겠지만, 그분은 할머니 바이브를 아가가 알아본다고 그저 키득이셨다.
어제의 번개 만남에서 생선 가시를 거의 전문가처럼 발라 주시더니, 오늘은 딸아이가 아침 인사를 포옹으로 대신하자 감격에 겨워하신다.

우리 셋은 맘껏 봄볕을 즐기고 호숫물을 바라보며 그 속의
잉어들을 불러들였다. 크고 흰 잉어, 붉고 힘찬 잉어에게
우리는 먹이를 준다. 딸아이의 몸통만한 잉어들, 딸이
즐겁게 몰입한다.
홍매 청매가 꽃봉오리를 터뜨리고 맘껏 예쁨을 발산한다.
오리 한 쌍이 호수에 떠있고, 두루미 한 마리가 호숫가를
서성인다.
각종 참새들과 새들이 재잘대면 나와 딸아이가 화답한다.
꽃망울을 터뜨린 목련과도 반갑게 인사했다.

공원을 한 바퀴 돌고, 햇살 아래에서 충분히 놀았을 즈음,
우리는 공원 안의 카페로 들어 갔다.
그 공원 카페에서 토스트를 곁들인 커피를 마시며, 난
어젯밤 꿈을 풀어 놓는다. 그분은 나의 꿈은 특별하다고 늘
말씀하셨는데, 오늘도 함께 꿈을 분석하며 요즘 나의
내면작업의 성과를 축하해 마지 않는다.
그분이 무심히 던져준 책 『킹크, 실존적 변태 수업』을
읽으며 나의 그림자, 특히 물질적 결핍과 관련된 특별한
사건을 알아차리고 다룬데 대해, 그분은 통합에 대해 또
간단히 설명해 주신다.
빛과 그림자, 음과 양이 통합한다고 해서 서로 섞여
혼합되는 것만은 아니야. 물질에 대한 동경과 욕망은 계속
그대로 남지. 이제 그것을 가져가도 되는 거야, 억누르지
말고 표면에서 알아차리는 거지. 그러면 이제 결핍이
고슴도치가시처럼 여기저기를 찔러 피를 흘리게 하지는
않을 거야.

그분과 나, 그리고 나 자신보다도 훨씬 귀한 내 딸아이가, 우리
셋은 그동안 올 것 같지 않던 봄이 드디어 오긴 했다고 잔뜩

봄의 여신을 찬양한다.
나는 나의 통합의 감사 제물을 여신에게 바치는 꿈, 그 꿈을 꾼 나 자신을 대견해하며 우쭐해 한다.
그분은 또 키득이신다.
내가 이렇게 우쭐해 할 때마다, 언제나 그렇듯 그 반응이 돌아온다.

- 또다른 도시

파리 :

세느강변에서

파리여행 이튿날, 딸과 나는 예정된 베르사이유 일정을 취소하고 느긋한 산책을 위해 세느강변으로 향했다.
들어서는 입구부터 까마귀 세 마리가 우리를 반긴다. 의외의 생명체에 잠시 주춤했으나, 곧이어 나타난 갈매기와 비둘기 무리에 우린 안도하며 걷는다.
청록빛의 강은, 작년 올림픽 개최 이후 더욱 푸르르고 깨끗해졌다는 뉴스를 실감케 한다.
강가의 돌벤치에서, 파리의 유명 세프가 만든 크로와상을 한 입 물고는 감탄을 금할 수 없다. 온 입안에 퍼져가는 버터향과 씹을수록 고소한 탄수화물의 풍미, 게다가 부드러움이 살아있는 우유 라테를 덧붙이니 여기가 과연 빵의 나라로구나.
유달리 강한 파리의 햇살이 우리의 몸과 마음을 더욱 빛나게 한다.

i.

부서지는 햇살을 즐기며 잠시 대화가 끊긴 그 순간,
베케트가 불쑥 다가왔다.
젊은 시절, 내가 그를 무대에서 처음 만났던 것처럼.

대학교 1학년 연극동아리 워크숍.
남해 바닷가 모래사장의 즉석 무대, 무대장치는 아무것도 없었고, 연출 포함 우리 셋은 '고도'를 기다리는 척, 그저 그 자리에 서 있었다.
말은 많았지만 아무 말도 하지 않는 것 같았고,
움직임은 있었지만 어디로도 향하지 않았다.
그 후로 오랜 시간, 나는 무엇을 기다려왔을까.
그리고, 그것은 결국 왔던가.
고도는 누구였을까.
내가 속으로 묻자, 그가 대답한다. 그러나 그는 더 이상 내가 알던 베케트가 아니다.
고도는 너였지. 기다림의 이유를 묻던 너.
언제나 오지 않는 누군가를 붙잡고 한없이 앉아 있던 너.
나는 웃지 못했다.
그 말은 내 삶의 몇 장면을 떠올려 어지럽게 흔들어댔다.
기다린 것은 때론 사랑이었고, 때론 망상이었고,
어떤 날은 생존이었다.
베케트는 더 말하지 않았고, 세느강을 바라보다가 이내 사라졌다.

나는 강변의 돌둑을 거닐며 다시 생각했다.
그토록 허무했던 연극 한 편이, 어떻게 내 삶의 벽에 문을 내었을까. 그리고 그 문들을 어떻게 하나씩 열었을까.

이제는 당신을 떠나 보낸다, 아듀.
기다림의 이름으로 머물던 수많은 그림자들이여.

ii.

라캉을 처음 만난 건, 강의실이었다.
아니, 어쩌면 그의 문장이었다.
한 문장을 열면 열 개의 문이 생기고, 그 문을 다 열면 다시 처음의 벽으로 돌아가는 구조물.

'타자의 욕망을 욕망하다'
처음엔 그저 멋지기만 했던 그 문장, 이것은 곧 나의 인생의 그림자들을 가장 멋지게 해석해 줄 틀이 되었다.
우리는 어렸을 적 낙원을 잃어버린 후, 늘 누군가의 시선을 빌려 자기를 보고, 누군가의 욕망을 빌려 자신을 욕망한다.
나의 욕망과 그림자의 뒤엉킨 역사가, 한 무대에서
스포트라이트를 받는 순간이었다.

세느강변, 낮은 돌담에 등을 기댄 채, 나는 그를 떠올린다.
딸아이는 잠시 자리를 비웠고, 나는 잠깐 혼자다.
프랑스 사람들처럼, 나도 이 강가에서 나만의 생각에
빠져본다.
그때에 갑자기 라캉이 유령처럼 나타나 내 옆 돌담에
기댄다. 검은 코트 차림에 담배 냄새를 풍기며.
그는 말없이 눈짓을 보낸다. 마치 이렇게 묻는 듯하다.
당신, 잘하고 있소?

상담실에서 나는 몇 번이나 그를 떠올렸다.
아무 말 없이 침묵하는 아이 앞에서, 울음을 뱉어내지 못하고 목이 막히는 소녀 앞에서, 어떤 질문도 부적절해
보일 때,
라캉, 당신이라면 이제 어떻게 하겠소?

그 물음 하나로 다시 세팅되는 장면들.
자신도 제대로 인지하지 못하는 욕망을 말로 표현하는 일은 얼마나 지난한가.
그것을 함께 탐색하는 일, 자신의 결핍을 드러내는 일,
그러나 그것 없이는 치유도 해방도 없다.
말하라, 여태까지 너의 기쁨은 누구의 것인지, 누구를 위한 것인지. 그러나 말하는 순간, 너는 이미 변하고 있다.
라캉은 그렇게 말했다.
또한, 그는 '주이상스'라 불리는 금기의 쾌락, 금단의 무언가에 매달리는 인간의 모순된 욕망을 설명했다.
우리가 진정 원하는 것은 그 욕망의 대상이 아니라, 욕망 그 자체, 즉 타자의 욕망을 욕망하는 상태이다.
그렇기에 상담은 '욕망을 횡단하여 결핍과 공백'을 마주하는 여정이 된다. 그 공백 속에서 비로소 새로운 '나'가 태어난다.

나는 이 지점이 상담의 지향점이라 믿는다.
자신의 신경증에 머무르지 않고, 타자의 시선으로부터 자유로워지는 용기,
그리하여 자신의 진짜 욕망을 찾아 사는 것.

지금 여기 그의 고향 파리에서, 나는 그에게 감사한다.
아듀는 아니다.
아직 내가 다 이해하지 못한 그의 문장들이, 언젠가 또 내 안에서 깨어날 테니까.

그의 유령은 이 강가 어디쯤 남아 있을 것이다.
상징계의 언어로는 잡아낼 수 없는, 실재계의 어떤 공백의 모습으로.

뤽상부르 공원

파리행 유로스타 기차 안, 나는 크리스티앙 보뱅의 『가벼운 마음』을 펼쳤다.
표지가 예쁘다고 자기도 읽어 보겠다던 딸은, 옆자리에서 노트북으로 한참을 일하다가 잠시 창문 쪽으로 머리를 기댄다.
나는 종이책의 뒷부분으로 페이지를 넘겼다.
그 안의 문장들은 납처럼 가라앉는 듯하다가 다시 나비처럼 날아 오른다.
도버 해협 아래 깊은 터널에서, 나는 '가벼움'의 의미를 되묻기 시작했다.

웃음은 나보다 훨씬 강하다. 나는 진지할수록 웃는 게 좋고, 그건 엄마에게 물려받은 기질이다… 나에겐 언제나 내가 해야할 일을 위한 시간이 필요했다. 그건 바로 아무것도 안 하는 것이다. 그저 바라보고, 바라보고, 바라보는 일 뿐.
보뱅은 그렇게 썼다.
어떤 프랑스인들은 그 문장을 삶으로 살고 있는지도 모른다.
그들은 사적인 감정조차 천연덕스럽게 흘려보내고, 대화는 간결하며, 거리낌 없이 말한다.
나는 (다른 남자) 괴물을 사랑해. 그에 대해 아는 게

전혀 없어도 나는 그의 품 안에서 황홀한 자유로움,
황홀한 열망을 느껴. 너무나 자유롭고 너무나 큰
열망이어서 난 그에게로 다시 돌아갈 거야. 그와
동시에 난 (남편인) 너와 함께 있을 거야. 로망,
받아들여.
이기적인가 싶다가도, 그 투명한 경계에선 묘한
해방감이 느껴진다.

파리의 카페, 거리, 관광지, 박물관.
그곳의 사람들은 일정한 거리와 속도를 유지한다.
쓸데없는 미안함이 없고, 지나친 친절도 없다.
무례하게 느껴질 수도 있으나, 오히려 정직하다.
그들의 가벼움은 때로 나의 무게를 돌아보게 한다.
보뱅은 다시 말한다.
나는 글을 쓸 때 가벼움으로 쓴다. 가벼움이 오거나 안 오는
건 때에 따라 다르다. 설령 오지 않을 때라도 가벼움은 그
곳에 있다. 가벼움은 어디에나 있다.

그 문장이 베케트와 라캉을 떠올리게 한다.
그들의 언어는 나를 사유의 깊은 바닥으로 데려갔지만,
보뱅의 문장은 나를 끌어올린다.
'무게'와 '가벼움'은 이렇게 서로를 반사하며 존재하는가.
아름다움은 튤립 구근이나 풍차 날개에만 있는 것이 아니라
어디에서든 잠들어 있으니까. 아름다움이 내 오른쪽 어깨에
기대고 있다. 쭈글쭈글한 얼굴 위로 떠오른 미소 속에
아름다움이 있다.
(어깨에 기대어 잠든 노파인) 나는 깨어 나자마자 좋은
날씨와 죽음을 기다려. 너도 알다시피 그건 치즈와 디저트
같은 거야.

고통의 무게를 통과해 나와 비로소 얻는 가벼움, 그것이
보뱅의 것이다.

'자유, 평등, 연대'라는 문구가 시내 건물벽 곳곳에 새겨져
있고 필요할 때의 관심이 제 때에 쏟아지기도 하는 곳[34].
그것이 보뱅의 가벼움과 관련이 있을까.

뤽상부르 공원 중앙분수대 앞에 앉아 나는 책을 덮는다.
주위를 둘러본다.
석양과, 바람과, 나무들과, 사람들.
햇살을 마주하는 사람들의 얼굴이 환하게 보인다-만,
그 안에 담긴 무심함과 가벼움이 오히려 나를 위로한다.
딸아이와 나란히 걷는 발걸음도 가볍다.
딸은 나를 위해 특별한 어떤 것도 하지 않는다. 하지만
그녀의 존재가 나를 살게 했다.
또한, 나는 딸에게 아무것도 해주지 않아도 좋다는 생각이
든다.
그저 그녀와 걷는 이 순간,
파리의 바람을 나누는 지금,
나는 살아 있다고 느낀다.

라캉의 이론처럼 복잡하게 분석하지 않아도 좋다.
베케트처럼 끝없이 기다리지 않아도 좋다.

---

[34] 다음날, 우리는 루브르 박물관 일정을 위해 지하에 있는 입구로 갔다.
시간이 남아 선물가게로 들어가 잠깐 둘러보았다. 그때 난 갑자기 심한
어지럼증을 느꼈다. 당황한 딸이 날 붙들고 어쩔 줄 몰라할 때, 가게직원이
다가와 괜찮냐고 물 좀 마셔보라고 했다. 난 물 한 컵을 단숨에 들이켰고,
딸은 그분의 친절에 두고두고 고마워했다.

이 도시의 공기는,
그냥 이렇게 살아도 괜찮다고 말한다.

아무것도 해석하지 않고,
그냥 존재하는 것으로 충분하다고.
이것이 지금의 나에겐 가장 가볍고 아름다운 진실이다.

코펜하겐

이 도시는 이상하다, 낯설다.
아니다, 왠지 낯익다.
이천 년대에 세워진 현대적인 내항 다리,
퍼기브루엔(Bryggebroen)을 건너며 시간의 흐름이 멈춘 듯한,
어느 외계의 공간 같은 풍경이다.
과거와 미래가 함께 숨 쉬는 도시,
현실과 환상이 공존하는 세계.
자전거는 느리게 지나간다.
유모차를 끄는 젊은 남정네, 그리고 또 다른 아낙.
이들은 낯설지만,
다리 위에서 내려다보는 회청색 물표면엔,
뭉게구름 사이로 간간히 드러나는 밝은 하늘과,
번듯하고 널찍한 건물들이 그대로 비친다.
그 위를 드론이 유유히 떠다닌다.
마치 나를 저 건물들 사이로 데려다 줄 것처럼.
휘게[35]라는 단어를 떠올리는 나의 흐릿한 기억,

---

[35] 휘게(hygge)는 덴마크와 노르웨이에서 사용하는 단어로, 편안함, 따뜻함, 아늑함, 안락함 등을 뜻한다. 가족이나 친구와 함께 또는 혼자서 보내는

언젠가 어디선가
본 듯한 장면, 이상하게 친밀한 느낌이다.
반듯하고 정갈한 운하 둑 위에 늘어선 웅장한 현대식
건물들,
그 옆, 바다 위에 띄운 인공섬 위로 주거단지가 마치 내려
앉듯 놓여 있다.
아름답지 않으면 존재의 의미가 없는 곳, 디자인이 철학이
되고 엔지니어링이 시가 되는 나라,
감각과 구조가 공존하는 도시.
홈티미스트[36]라는 정신이 디자인 언어가 된 땅.

레고의 나라 덴마크, 안데르센의 도시 코펜하겐,
죽음에 이르는 병을 경고한 키에르케고르.
이런 개념들은 잠시 사라지고 난 기억을 더듬는다.
금방이라도 저 넓은 물 속에서, 잠수했던 비행 물체가
물기를 머금은 채로 튀어 오를 것 같다.
그러면 줄지어 내항 다리를 건너던 저 자전거들이 잠시
멈추어 환호하겠지.

소박하고 여유로운 시간, 일상 속의 소소한 즐거움이나 안락한 환경에서
오는 행복을 의미한다.

[36] 홈티미스트는 희망(Hope)과 낙관주의(Optimism)를 결합하여, 행복과
웃음을 나누고 긍정적인 에너지를 전파하는 운동으로부터
시작되었다. 1968년 당시 전쟁의 아픔을 겪던 덴마크 사회에 희망을 주기
위해 탄생한 홈티미스트라는 핵심 가치는 "웃음은 다른 웃음으로부터
시작된다"는 믿음 아래, 보는 이에게 즐거움과 활력을 선사하며 일상에
긍정적인 영향을 주는 디자인 소품을 만들어낸다.

티볼리[37]에서 놀던 아이들도 한 걸음에 달려오겠지.
그럼 난 군중의 맨 앞에서 그들에게 저들을 소개하는 역할을
할지도 몰라.

나는 이 도시의 넓은 사거리에서, 꿈을 좇아 쏘다니는
아이처럼 서 있다.
코펜하겐.
장난감 병정이 공원에 살고 있고, 해변에는 돌로 빚은 인어
동상이 슬픈 얼굴로 나를 올려다본다.
자전거 행렬이
차도만큼 넓은 자전거길을 따라 끊임없이 흐르고,
나는 부드러운 곡선을 그리는 내항다리 위에 멈춰 서 있다.

딸은 학회에 하루 종일 가 있고, 난 호텔에서 오전 내내
머문다.
그러다가, 동화작가가 꿈이었던 시절을 떠올리며,
오래전에 썼던 글, 어딘가 끄적인 채 묻혀 두었던 그 기록이
다시 떠올랐다.
나는 그 글을 다시 꺼내어 읽는다.
종이 위에 남겨진 오래된 꿈의 파편.

그 이야기를 다시 펼친다. 나의 꿈을 펼친다.

코펜하겐은 그렇게 나의 오랜 기억을 건드리고,
나는 고향별 한 귀퉁이에 잠시 귀환한 투숙객이 되어
몸과 마음의 피로를 씻는다.

---

[37] 티볼리(Tivoli)는 1843년 개장한 덴마크 코펜하겐의 유서 깊은
유원지로, 환상성과 고전미를 지닌 공간이다. 한때 한스 크리스티안
안데르센과 월트 디즈니에게도 영감을 준 것으로 알려져 있다.

남아있는 지구행성에서의 여정은
이제 조금 더 색다를 것이다.

. . . .

그렇다.
나는 누구인가.
그 질문은 끝내 다 쓰지 못한 문장처럼,
여전히 내 안에 살아 있다.
그러니 이 여정은 아직 끝나지 않았다.
나와 세계를 향한 탐험과 실험은,
시간과 공간을 가로지르며 천천히, 그러나
깊이 계속될 것이다.

에필로그

추락한 우주선
- *저 산 너머엔 아이들을 태운 우주선이 추락해
있다*

i.

*이 이야기의 시작은, 오래전 내가 꾼 하나의 꿈에서
비롯되었다. 그 장면들을 나는 짧은 이야기 형식으로
기록해 두었다.*

하늘은 찬란히 빛난다. 별들이 반짝이고, 배경은 보랏빛에서
노랑과 주황으로 끊임없이 변한다. 몇몇 마을 여인들과
아이들이 그 아름다운 하늘을 감상하며 웃고 떠든다.
그러던 어느 순간, 하늘 저편에서 바퀴 없는 미니 스쿨버스
같은 물체가 나타났다. 아이들 예닐곱 명쯤이 탄 듯하다. 4-5세쯤 되어 보인다.
그 우주선은 마치 차원 사이를 헤매다 3차원 세계에 불쑥
등장한 것처럼 보였다.
그런데 몇 분도 안 되어, 뒷부분에 불이 붙더니 유성처럼
날아와 산 너머로 떨어졌다.
폭발음, 그리고 불꽃. 그제야 사람들이 웅성이기 시작했다.

이 장면을 똑똑히 목격한 청년 '디지'는 순간 어지럼증을 느꼈다. 주위를 둘러보다 친구의 동생 '비지'와 눈이 마주쳤다. 비지는 입을 다문 채, 도대체 무슨 일이냐는 얼굴로 디지를 바라본다.

그들은 곧 무리를 빠져나와 속삭인다.
비지는 증조할머니의 말을 기억해냈다. 오래전에도 이런 일이 있었고, 더 이전에도 그랬다고 했다. 백 년에 한두 번, 하늘이 열렸다고.
먼 옛날엔, 추락하지 않고 안전하게 착륙한 이들이 산 너머 어딘가에 정착했다는 말도 전해진다.
디지는 다시 어지럽다.
비지는 마음이 바빠졌다. 그 추락 지점으로 가보고 싶다. 어릴 적 할머니에게 들었던 이야기의 호기심이 다시 살아났다. 혹시, 아직 살아 있는 아이들이 있을지도 모르지 않는가.

그러나 저 산 너머는 금단의 땅. 어른들이 알게 되면 둘 다 감금될 것이다.
비지는 하루 안에 짐을 꾸려 몰래 빠져나갈 수 있을까?
그리고 과연, 망설이는 디지를 설득해 함께 미지의 여정을 시작할 수 있을까?

ii.

그리고 지금, 동화의 도시 코펜하겐의 어느 호텔에서, 나는 '동화작가가 되겠다'던 지난 날의 꿈을 다시 펼친다.

그래서 오래전 꿈에서 비롯된 그 이야기 속으로, 나는 다시 들어간다.

그날 밤, 비지는 배낭을 꾸렸다. 손전등, 떡 세 덩이, 나침반, 그리고 증조할머니가 남긴 은장도 한 자루.
문틈으로 바라본 디지의 집은 어둠에 잠겨 있었다. 바람에 창문이 조용히 흔들렸다. 비지는 한숨을 내쉬고, 산 입구를 향해 걸었다.
그가 거의 도착했을 무렵, 조용히 따라붙는 발소리가 있었다.
같이 가.
디지가 옆에 다가왔다. 두 그림자는 말없이 숲 안으로 들어섰다.

그 순간, 하늘이 일렁였다. 보랏빛에서 주홍빛으로, 밤하늘의 색이 움직이고 있었다. 어디선가 또 다른 문이 열리는 듯.
산은 낮고 둥글었지만, 그 너머로 향하는 길은 하나뿐이었다.
허리 높이 풀숲 사이로 난 오솔길, 벌레들이 낮고 부드럽게 울음소리를 낸다. 비지가 앞서 걸었다.
가방 끈에 매단 은장도가 달그락 소리를 냈다. 달빛이 스치면, 은장도는 마치 살아 있는 것처럼 희미한 광을 내며 얕게 울렸다.
디지는 고개를 돌렸다.
그거, 왜 자꾸 소리 나지?
비지가 멈춰 섰다.
가끔 그래. 할머니가 말했어. 문이 열릴 때, 은장도가 먼저 반응한다고.
그 순간, 하늘이 흔들렸다. 푸르던 밤이 검게 변했다. 별

하나가 깜빡이더니, 뚝 하고 꺼졌다.
그리고, 숲 한가운데, 빛도 그림자도 아닌 형체가 서서히 모습을 드러냈다. 존재는 윤곽없이 움직였다. 검지도 않고 투명하지도 않은, 마치 공간 자체의 틈새에서 나온, 작은 블랙홀처럼.
그 주위의 공기가 뒤틀리며 출렁였다.
디지가 뒷걸음질쳤다. 비지는 재빨리 은장도를 꺼냈다. 장도는 미세하게 진동했고, 금속 속에서 낮고 깊은 소리가 흘러나왔다.
그 소리에, 그 형체가 반응했다. 한 걸음 다가온 뒤, 마치 길을 트듯 형체는 좌우로 갈라지며 사라졌다.
그 자리에 남겨진 건 풀숲에 놓인 작은 금속 조각 하나.
디지가 조심스럽게 집어 들었다.
검게 반짝이는 우주 금속. 표면엔 몇몇 아이들의 얼굴, 그리고 이상한 문양이 새겨져 있었다. 구불구불한 선과 고리들. 중앙에는, 추락했던 우주선의 모습이 문장처럼 새겨져 있었다.
그 순간, 디지의 머릿속을 짧은 영상이 스쳤다.
   아이들을 감싸던 검은 존재.
   추락 전, 그 존재가 펼친 보호막.
   폭발 후, 살아남은 아이들이 숨을 고르던 풍경.
봤어. 나, 무언가를 봤어.
디지가 속삭였다.
비지가 고개를 끄덕였다.
그건 우리를 해치려던 게 아니야. 아이들을 지키고 있었던 거야.
그들은 말없이 서 있었다.
그들 위로, 하늘엔 두 개의 달이 떠올랐다. 마치 어느 소설

속의 한 장면처럼.
그리고 산 너머, 추락 지점은 이제 그리 멀지 않았다.

새벽의 기운이 풀잎에 맺혔다. 두 개의 달은 서서히
사라지고, 하늘엔 잿빛 안개가 내려앉기 시작했다.
비지와 디지는 아무 말 없이 낮고 둥근 산을 넘었다. 그 너머,
붉게 그을린 자국들이 숲의 가장자리를 파고들고 있었다.
그들은 무언가에 이끌리듯 걸음을 옮겼다.

숲 속 한가운데, 검게 타버린 우주선 잔해가 널려 있었다.
거의 다 부서진 본체, 여전히 김이 나는 금속 파편들. 잔해
속에서 약하게 깜빡이는 불빛. 그들은 조심스레 다가갔다.
그때였다, 인기척.
잔해 옆 풀숲에서 조그마한 그림자 하나가 튀어나왔다.
아이였다. 얼굴엔 검댕이 자국들, 크고 깊은 눈, 옅은
푸른색의 피부, 양쪽 무릎엔 긁힌 자국 투성이다. 머리엔
타다 남은 그을음이 묻어 있었다. 그 아이는 한참 동안
디지를 바라보다, 눈을 가늘게 뜨고 다시 풀숲 안으로
숨었다.

그때, 주변 공기가 흔들렸다. 나무들이 미세하게 떨리고,
하늘에 남아 있던 별 하나가 깜빡였다. 디지가 몸을 돌렸다.
검은 존재.
어제 밤과 같은 모습이 숲의 경계에 다시 나타나 있었다. 그
존재는 움직이지 않았다.
그저, 거기 존재하고 있을 뿐. 무언의 감시자처럼.
혹은, 이 아이들을 감싸고 있는 수호의 그림자처럼.
어느새 검은 존재는 숲의 어둠 속으로 서서히 스며들듯
사라지고 있었다.

비지와 디지는 아이를 찾으러 풀숲에 들어가며, 직감했다.
  이 여정은 끝이 아니다. 오히려, 이제 시작이다.
  왜 이 아이들은 여기에 왔는가.
  검은 존재는 누구인가.
  그리고 이들 사이에 숨겨진 오래된 기억은 무엇인가.

하늘은 다시, 보랏빛으로 물들고 있었다.

끝까지 미루기

초판 1쇄 발행 2025년 9월 30일

지은이 모경수
펴낸곳 드로북스
펴낸이 박경수
등록번호 832-93-02222
주소 제주도 서귀포시 대정읍
이메일 drobooks@naver.com
인스타그램 instagram.com/drobooks_

ISBN 979-11-994952-0-3 (03810)

DroBooks